마흔의 사춘기

마흔의 사춘기

초판발행 | 2018년 11월 15일

—

지은이 | 홍주미

—

만든이 | 이은영
만든곳 | 오후의책
등 록 | 제300-2014-14호
주 소 | 세종시 새롬남로 18
메 일 | ohoonbook@naver.com
전 화 | 070-7531-1226
팩 스 | 044-862-7131

—

ISBN | 979-11-87091-11-0 03230
값 | 14,000원

• 이 도서의 국립중앙도서관 출판예정도서목록(CIP)은 서지정보유통지원시스템 홈페이지(http://seoji.nl.go.kr)와 국가자료종합목록시스템(http://www.nl.go.kr/kolisnet)에서 이용하실 수 있습니다. (CIP제어번호 : CIP2018035683)

마흔의 사춘기

홍주미 지음

오후의책

<h1 align="center">추천의 글</h1>

작가는 상상할 수 없는 아픔과 고통으로 세상 구석에 홀로 던져진 사람에서 스스로 상처를
직면해 치유한 후 세상 밖으로 걸어 나왔다. 사람이 만날 수 있는 가장 큰 기적은 두려움의
길에서 가장 빨리 사랑의 길로 나오는 것임을 믿는다. 나는 홍주미 작가의 삶에서 그 기적을
느꼈다. 홍주미 작가를 처음 만나던 날을 잊을 수가 없다. 그 따뜻함 넘치고 반짝임 가득한
눈빛은 기적을 만난 한 사람의 뜨겁고도 아름다운 모습이었다.
상처로 마음이 아픈 사람, 존재사랑으로 아이를 양육하기 원하는 부모,
상처입은 주변 사람을 안아주려는 세상의 천사님들께 가슴 울리는 심리치유,
내면아이 치유서인 이 책을 강력 추천한다.
– 권영애, 《그 아이만의 단 한사람》, 《자존감 효능감을 만드는 버츄프로젝트 수업》 저자

눈물 없이는 읽을 수 없는 홍주미 작가의 절절한 어린 시절의 절망과 아픔들이 책을 읽는
내내 가슴을 저미게 했다. 그럼에도 불구하고, 그런 아픈 어린아이의 모습을 기꺼이
용기 있게 마주하고 '마흔의 사춘기' 책 속에서 솔직하게 풀어내며 자신을 치유한
이야기 하나 하나가 살아 숨 쉬며 향긋한 향기를 뿜어내고 있다.
그렇기에 이 책은 아픔을 치유하지 못한 채 어둠의 동굴 속에서 꽁꽁 숨겨두고 내적 고통과
함께 살아가는 사람들에게 오아시스와 같은 책이 아닐 수 없다.
고통과 아픔을 사랑의 향기로 전환시킨 그녀의 엄청난 내적 파워는 수없는 넘어짐과
시행착오 속에서 자신을 다시 일으키고 성장하고자 했던 '점'들이 모인 결과다.
깊고 넓은 단단한 그릇으로 자신을 채워낸 그녀의 에너지가 독자들에게 전해져
마흔의 사춘기를 앓고 있는지도 몰랐던 이들에게도 과거를 보내고 새로운 돌파구를
만들어 줄 큰 터닝 포인트가 되리라 확신한다.
– 조성희, 조성희 마인드스쿨 대표, 《마인드파워로 영어 먹어버리기》 저자

홍주미 작가는 대단한 사람이다.

'내적 치유는 관념적인 사고의 변화만이 아니라 마치 몸의 암덩어리를 제거하는 것처럼
마음의 독을 제거하는 수술과 같은 실제적인 사건이다.'라는 말을 알면
모두 고개를 끄덕일 것이다.

홍주미 작가는 승리한 사람이다.

성인 사춘기를 지독하게 겪고 있을 때 관련 책을 사서 읽어보고 매일 교회에 나와서
기도하라는 나의 말을 듣자마자 곧 바로 실행했다.

교회에서 실시하는 내적치유 프로그램을 진지하게 공부하더니 어느 날 짐을 싸서
다른 치유 프로그램에도 도전했다. 매일 새벽예배에 세면 타올을 가지고 나와서
잠자고 있던 고통스러운 감정들을 꺼내며 타올이 다 젖도록 미친 듯이 울어대는 것을
나는 보았다. 처음 교회에 왔을 때는 주변 사람들이 다가가기 어려운 사람이었지만,
고통과 아픔을 당당히 직면하며 이겨낸 사람이다.

홍주미 작가는 성장한 사람이다.

내적치유는 성장을 위한 것이며 곧 관계의 회복을 위한 것이다.
저자는 가족과 다른 사람은 물론이고 하나님과의 관계까지 회복하는 것을 보여주었다.
주변 지인들의 아픔을 진심으로 함께 아파하고 도움이 되고자 애쓰는 중
자신의 사명이 치유임을 깨닫고 책을 써서 어린 시절 자신처럼 아픔을 겪은 사람들을
돕고자 하는 멋진 사람이다.

나는 홍주미 작가의 내면 성장 과정을 옆에서 쭉 지켜보았기에 책을 출판해낸 저자가
너무 대단하고 고맙고 아름다워 아낌없는 박수를 보낸다.

– 황현숙 사모 (여수 감리교회)

이 책은 자기를 찾아 떠난 여행을 잘 마무리 하고 성인 사춘기의 여정을 진솔하게 담은
이야기꽃으로 이웃과 함께 나누는 소중한 책입니다.
저자는 내적 치유 과정 중 접한 책을 중심으로 자신을 올 곧게 바라보고,
상처와 사건을 직면하면서 자신을 건강한 사람으로 세워가는 과정을
친절히 안내하는 안내자입니다.
자신이 누구인지 몰라 좌충우돌 한다면 이 책과 함께 나를 찾아
여행하시기기를 추천합니다.

– 김관호 목사 (여수 감리교회)

언어(말)은 사람에 입에서 나오는 순간 어느 새 사라져 버리는 습성이 있습니다.
조금 전까지 내 속에 있던 생각들이 말이라는 수레를 타고 나오는 순간 달리는 말(馬)보다
더 빨리 사라져 버리는 것을 보게 됩니다.
때로 말을 하면 속이 후련하고 시원하기도 하지만 빠르게 공중으로(?) 사라져 버리기
때문에 아무리 좋은 말도 오래도록, 여러 사람들에게 전하기에 한계가 있습니다.
그래서 사람들은 저마다 도망치는 말(언어)을 붙잡아 두려고 문자화 시켜
글로 남기려고 하는 것 같습니다.
이 책의 저자인 홍주미 집사도 어느 한 부분 그런 심정으로 이 글을 썼을 거라 생각합니다.
역사 이래 많은 사람들이 "내가 왜 이러지?", "저 사람 왜 그래?" 라는 생각과 질문을
한 두 번 안한 사람이 없을 것입니다. 세상을 살면서 각양각색 다양한 스타일의 삶을 사는
사람들을 보면서 이해가 잘 안 되는 부분들이 많이 있습니다.
저자의 글을 볼 때 그의 삶 또한 고뇌(苦惱)와 처절한 몸부림의 연속이었음을 알 수
있습니다. 우리 육체는 작은 상처도 금방 아픔을 느끼고 주변에서도 서로 치유를 위해
노력하지만 마음의 상처와 아픔은 쉽게 알아채기도, 도와주기에는 너무 어렵고 힘이 듭니다.
심리학자 융(Carl Jung)이 "마음의 평화만이 모든 질병과 마음의 상처(傷處)를 치료해준다."고
했듯이 마음의 아픔과 고통을 치유해야만 진정한 평안(행복)을 누릴 수 있습니다.
오랫동안 가슴앓이를 해오다가 어둠속에 빛을 만난 것처럼 성령 하나님의 위로와 치유를
통해서 깊은 수렁과 긴 고통의 터널에서 벗어난 저자의 용기 있는 고백과 글쓰기에
아낌없는 박수와 격려를 보냅니다.
구약성경 잠언 16장 22절은 "그 명철이 생명의 샘이 되거니와……"라고 말씀합니다.

홍주미 집사의 믿음의 고백을 담아 활자화 되어 출판되는 하나님의 치유 처방(處方)
《마흔의 사춘기》가 충분히 사랑 받지 못하고 성인이 되어 남몰래 고통의 눈물과 좌절의 늪
에 빠져 힘들어 하는 성인아이들의 치유와 위로의 지침서, 만병의 의사가 되시는 하나님을
만날 수 있는 길라잡이가 되기에 충분하다 생각됩니다.
일독을 권하며 기쁜 마음으로 추천합니다.
- 은행나무 골에서, 김청환 목사

마흔 살인데, 사춘기라구요?

땀에 흠뻑 젖은 몸에서 쉰내가 난다. 차에서 한 발 땅에 내디디고 일어섰지만 다리는 몸을 지탱할 힘이 없다. 발가락부터 시작해서 온몸이 후들거린다. 남편과 마라톤 대회에 참가하고 집에 올라가는 길이다. 아파트 입구에서 이웃을 만났다.

"언니, 마라톤 뛰고 오는 거지요? 언니는 남편하고 어떻게 그렇게 사이가 좋아요? 우린 안 좋은데…."

경쾌한 경상도 사투리를 들으니 마치 영화처럼 지나온 삶이 눈앞에 펼쳐진다. 주님을 모른 채 삼십 여년 칠흑 같은 고통 속에서 사람들에게 상처를 주며 살았다. 겉으로 보이는 밝은 표정 속에 사랑이 고파 울부짖는 어린 아이가 있었다.

‘내 고통 아무도 몰라. 겪어 보지 않았는데 당신들이 어떻게 알아? 내 앞에서 힘들다는 말, 아프다는 말 하지 마세요. 세상 누구도 부모님 이혼 하신 나의 고통을 이해 못해.

큰 집의 첫 째 딸로 태어난 것이 죽을 만큼 싫어요. 전교에서 저만 대학에 못갔어요. 부모님 이혼하고 돈이 없어서 저만 대학을 못 갔다고요! 창피해서 고등학교 졸업식에도 참석하지 못한 치욕스러움을 누가 알아요?

친구 좋아하는 제가 저 멀리 친구가 보이면 대학 어디 갔는지 물을까 두려워서 피했어요. 뒤돌아서면 눈물이 줄줄 흘렀어요. 내 자신이 비참했어요. 불쌍해서 미치겠다고요.

이런 내 마음 절대 몰라요. 아무도 몰라요.

부모님 이혼이 제 잘못 아니잖아요. 이혼하면서 겪은 불안과 두려움을 전혀 위로 받지 못했어요.

어른이 되어도 마음에 상처가 아물지 않았어요. 피가 줄줄 나고 있었어요.

부모님 이혼 했을 때 저는 대학 진학을 고민하는 것만으로도 벅찬 고등학생이었어요.

그것만으로도 충분히 고민스럽고 아팠어요. 그런데… 그런데요. 결혼할 때 부모님 이혼한 것이 저의 흠이 되었어요.

그 고통을 어떻게 말로 표현할 수가 없어요. 너무 억울해요. 부모님 이혼하시고 제가 얼마나 열심히 살았는데… 가슴에서 피 눈물이 났어요.

남편 될 사람한테 부모님이 이혼한 저의 환경이 미안하고 부끄러웠어요.

제 인생이 너무 불쌍해서 미칠 것 같아요. 왜 나만 이렇게 힘든 거지? 왜 하필 나에게 이런 일이 생기는 거야? 왜 나만?

가슴을 칼로 후벼 파는 것 같아요. 맏이니까 참고, 딸이니까 참고, 가난하니까 참고, 참고만 살았어요. 겉으로 보이는 밝은 성격 아래에 쌓여있던 상처들이 썩어 뭉그러졌어요. 제 자신이 토할 것처럼 느껴져요.

엄마, 저를 한 번이라도 사랑스러운 눈빛으로 본 적 있나요?

아버지, 한 번이라도 저를 따뜻하게 안아준 적 있나요?

저는 헌 누더기 옷을 입고 몇 달은 머리를 감지 못한 것 같은 더러운 얼굴을 하고 사는 것 같아요.'

내 마음이 아파서 울고 있는 줄도 모른 채 두 아이의 엄마가 되었다. 서른 중반쯤 이유 없이 눈물이 줄줄 흘렀다. 아무것도 하기 싫었다. '친구들을 만나서 이야기를 하고 맛있는 걸 먹으면 기분이 좋아지겠지?' 하면서도 전화를 들었다가 그냥 내려놓았다. 낮잠을 즐기지 않는데도 무기력한 상황이 싫어 매일 낮잠을 잤다. 그렇게 이주일 정도의 시간이 흐르면서 내가 뭔가 잘못되었다는 생각이 들었다. 산후 우울증을 겪을 때는 아파트에서 뛰어내리면 다 끝날 거 같은 자살충동을 느꼈다. 하지만 이유 없는 눈물이 나는 그때는 자살을 생각할 에너지조차 없었다.

'도대체 내가 왜 이러는 거지요? 왜 이렇게 슬프고 아무것도 하기 싫은 건가요? 내 마음이 왜 이래요?'

하나님 앞에 나가 눈물과 콧물을 흘리며 기도했다. 기도라기보다는 이유를 알 수 없는 아픔에 대한 비통한 한탄이었다. 그때 주님께서 말씀하셨다.

"네게 사춘기가 왔다."

"사… 춘기…. 내 나이가 서른 중반인데 사춘기?"

하나님의 응답을 듣고 치유가 시작되었다.

이 책을 쓰면서 주위 사람들에게 성인이 되어 겪은 지독한 사춘기 감정을 이야기 했다. 이야기를 듣고 난 후에 사람들의 반응은 놀라웠다. 본인이 그렇거나 가족 중에 성인 사춘기를 겪고 있는 듯한 사람이 있다는 말들을 했기 때문이다. 성인 사춘기는 암 같은 마음의 병이다. 병인데 병인지도 모른다. 그 마음을 달래려고 술을 마시고 쇼핑 중독이 되고 춤바람 나고 바람을 피우다가 결국 이혼한다. 우리 부모님이 그랬다.

상처를 치유하고 난 후 나의 삶은 변하기 시작했다. 하나님 나라에 가기 전에 가고 싶은 곳과 하고 싶은 일을 노트에 적었다. 공부 못한 열등감을 벗어버리려 대학에 입학했다. 유치원 교사가 되었고 남편과 마라톤을 하며 작가의 꿈을 이루며 살고 있다.

어느 덧 나는 다른 사람들이 부러워할 만큼 남편과 사이가 좋은 사람이 되어 있었다. 남편하고 어떻게 사이가 좋으냐는 질문에 지나간 시간들이 스쳐지나갔다. 내 상처로 인해 남편을 아프게 했던 과거의 모습이 생각나 눈시울이 붉어졌다.

'여보, 내 상처 때문에 많이 아팠지? 죽을 것만 같아서 에티오피아로 도망 간 거지? 미안해, 여보.'

"우리가 이렇게 사이가 좋아지기까지 신앙의 힘이 제일 컸지. 마음에 상처 많은 나와 사느라 참 고생 많았어요."

남편은 놀란 듯 나를 쳐다보면서 말했다.

"알아주니 고맙네요."

우리는 마주보고 빙그레 미소지었다.

내가 어렸을 때에는 말하는 것이 어린아이와 같고

깨닫는 것이 어린아이와 같고 생각하는 것이 어린아이와 같다가

장성한 사람이 되어서는 어린아이의 일을 버렸노라

– 고린도전서 13:11

Contents

Part 1

하나님 없이 어린 나 혼자

애늙은이

2012년 9월의 첫날이지만 낮엔 30도를 웃돌 만큼 덥다. 여섯 명의 일행은 충주 은혜교회 2층에 올라가는 중이다. 투석 치료 중인 외할머니는 한발 한발 힘겹게 계단을 올라가신다. 나는 뒤에서 할머니 허리를 조심스럽게 밀어드린다. 이십 년 전에도 외할머니는 계단을 오를 때 오른쪽 손을 오른쪽 다리 위에 올리면서 잔뜩 얼굴을 찌푸리고는 "아이고, 다리야. 아이고, 허리야." 하셨다. 그때부터 외할머니가 계단을 오를 때면 뒤에서 허리를 천천히 밀어 드린다.

"주미가 밀어주니까 한결 쉽네. 고마워."

외할머니는 계단을 다 올라가면 가쁜 숨을 몰아쉬고는 호흡을 가다듬은 후에 미소 띤 얼굴로 나를 바라보신다. 이십 년이 지난 지금은 친정어머니도 계단 오르기를 힘들어 하신다.

"할머니, 계단 올라오는 게 그렇게 힘들어요?"

"응, 할머니 배가 뚱뚱해서 무릎이 아파. 아픈 다리로 계단을 올라가려니 힘드네."

친정어머니는 아이들에게 이렇게 말씀하신다.

"맞아요. 할머니 배가 풍선 같아요. 하하하."

아홉 살 벼리의 말에 모두 소리 내어 웃는다. 외할머니와 친정어머니는 계단을 다 올라와 한참 숨을 고른다. 2층에 올라오니 카페 같은 예쁜 의자와 테이블이 있다. 나는 외할머니와 친정어머니 앞에 물 한잔씩 드렸다. 마침 해외 근무 중인 남편이 휴가를 나와 함께할 수 있어 감사했다.

섬기는 교회 목사님께 친정어머니의 교회 등록을 상의했고, 이곳을 소개해 주셨다. 내일 대예배 전에 안병수 목사님 내외분께 인사 드리러 온 것이다.

"안녕하세요. 목사님. 명성교회를 섬기는 홍주미 집사입니다."

흰머리를 멋있게 빗어 넘긴 목사님과 사모님이 우리를 반갑게 맞아주셨다. 목사님은 웃을 때 눈이 초승달 모양이 된다.

"목사님, 저는 여기 계시는 어머니를 비롯해서 아버지까지도 무척 미워했어요. 아니 증오했다는 표현이 맞을 겁니다. 그런 부모님을 하나님의 은혜로 용서했습니다. 교회는 어릴 적 성탄절에 과자를 얻어먹으러 다녔던 기억이 납니다만 잠시 그때뿐이었지요. 결혼하고 교회에 다니기 시작했고 이제 한 오 년 정도 되었습니다.

오 년동안 많은 일이 있었습니다. 주님을 만나 끔찍한 성인 사춘기를 잘 보낼 수 있었지요. 어머니도 저처럼 하나님 만나서 하나님의 따뜻한 사랑을 가슴으로 느끼길 원합니다. 그 말씀을 드리러 왔습니다.”

한 어머니가 불상 앞에 엎드려 간곡히 기도를 드린다. 정성스러운 마음을 가득 담아 이마가 바닥에 닿도록 절을 올린 후였다. 어머니의 큰 아들은 서른 살이 다 되어간다. 1970년대에 남자 나이 서른, 지금으로 치면 마흔쯤 되는 나이다. 큰 아들 혼사가 늦어져 어머니의 마음은 애가 탔다. 기도 후 집으로 돌아오는 길에 의레 그렇듯 한 집에 들른다.

“우리 아들 결혼할 색시 좀 알아봐줘요.”

“아…, 그래요. 제 아래에 결혼 안한 여동생이 있긴 한데.”

단양군 어이곡 절에 다니며 기도를 드리는 분은 나의 친할머니다. 절에 다녀오면서 들르던 집은 큰이모 집이다. 큰이모는 두부와 막걸리를 만들어 팔았다. 아버지는 이 공장에서 배달 일을 했다.

친할머니와 큰이모 소개로 엄마와 아버지는 교제를 하게 되었다. 약혼을 하고 결혼식을 앞둔 어느 날 멀리 사는 친할머니의 언니가 집에 오셨다. 전화도 없던 시절이었다. 친할머니의 언니는 아버지와 어머니를 만나게 한 큰이모를 찾아갔다.

“내가 우리 조카 결혼상대로 사주까지 다 봐둔 다른 여자가 있어요. 이 결혼 절대 안돼.”

친할머니의 언니는 결혼을 완고하게 반대했다. 이 말을 듣고 큰

이모는 나의 어머니인 동생에게 편지를 보냈다. 편지를 받은 엄마의 손은 부들부들 떨렸다. 할머니측의 반대에도 불구하고 아버지는 어머니와 결혼하길 원했고, 두 분은 결혼하셨다. 나는 그렇게 큰집의 첫째 딸로 태어났다. 장남을 바라던 집에 딸로 태어나 부모님의 기쁨이 되지 못했다. 두 살 터울로 아들이 태어났다. 엄마는 '이제 내 할 일을 다했구나!'라고 생각했다.

부모님은 가난하고 배운 것도 없고 가진 것도 없었다. 게다가 결혼하지 않은 시동생이 셋이나 있었다. 편찮으시던 할머니는 내가 세 살이 되었을 때 돌아가셨다.

1986년 5월 20일 충주시 단월동에서 아버지가 오토바이를 타고 가던 중 자동차와 부딪쳤다. 자동차 운전자의 잘못으로 사고가 난 것이다. 사고를 낸 운전자도, 사고가 난 우리 아버지도 돈이 없었다. 흰색의 낡은 병원 건물 병실에 왼쪽 다리를 베개 위에 올려놓은 아버지가 있었다. 아버지의 사고를 잘 모르는 어린 남동생과 나는 병원에 있는 동그란 모양의 정원에서 놀았다.

내가 열 살, 남동생이 이제 막 초등학교에 입학했을 때다. 엄마는 집과 병원을 오토바이로 오고 가셨다. 엄마가 맛있는 반찬을 싸와서 보호자용 침대에 앉아서 먹었던 기억이 난다.

사고를 낸 사람으로부터 합의금을 천만 원을 받았다. 왼쪽 다리 치료가 끝날 때까지 병원에 있기로 했다. 어느 날 원무과에서 연락이 왔다. 병원비가 밀렸으니 지불을 하라는 것이었다. 사고를 낸 사람은 본인이 돈이 없으니 우선 합의금 받은 것으로 대신 내라고 했다. 아버지는 병원비를 치르고 잠시 퇴원했다. 그런데 집에 있는 동안 다리 관리를 잘못해서 뼈가 어긋나고 말았다. 아버지는 다시 입원했고, 3년을 병원에 계셨다. 왼쪽 다리에 철심을 박았다. 그때부터 아버지의 왼쪽 다리는 굽혀지지 않는다.

아버지는 나에게도 엄마에게도 따뜻한 눈길 한 번 주지 않았고, 술을 드시거나 폭력을 가하지는 않았지만 무서웠다. 기억 속의 할아버지와 아버지의 깔끔하고 엄한 모습은 많이 닮았다. 아버지는 병원에 계실 때조차 헝클어진 머리를 한 적이 없다.

아버지는 내가 무엇인가 잘못을 하면 연탄보일러 물 호스로 때렸다. 아버지는 잘한 것을 칭찬하기보다는 잘못했을 때 호되게 매를 들었다. 물 호스는 딱딱한 플라스틱이고 가운데에 물이 지나갈 수 있게 구멍이 뚫려 있다. 아버지가 호스를 휘두를 때 그 구멍에서는 '횡횡' 바람소리가 났다.

잘못했을 때 엄하게 체벌하는 아버지는 나에게 두려움의 존재였다. 놀다가도 아버지가 방에 들어오는 인기척이 나면 얼른 자는 척했다. 같이 밥을 먹을 때는 수저를 든 손이 덜덜 떨렸다. 그것 때문인지 아직도 오른쪽 팔에 혈액순환이 되지 않는다. 어떨 때는 너무 힘을 꽉 주어서 글씨가 잘 써지지 않는다. 어떨 때는 힘이 쭉 빠져버려서 접시를 놓치기도 했다.

초등학교 고학년이 될 때 연수동으로 이사했고 친할아버지와 함께 살았다. 외할머니댁과 우리집은 어린 아이 걸음으로 15분에서 20분 정도 거리였다. 할아버지와 부모님, 나와 남동생이 방 두 칸 집에 살았다. 마당이 있고 마당 한쪽에 수도가 있었다. 화장실은 마당 한쪽 구석에 있었다. 아궁이에 나무를 때는 집이었다. 나는 그 집에서 학교까지 한 시간 정도를 걸어 다녔다. 초등학교 고학년이 되면서는 자전거를 타고 다녔다.

부모님은 내가 다니던 초등학교 근처에서 당구장을 하셨다. 학교가 끝나면 늘 당구장에 갔는데 어느날은 부모님이 안계셨다. 아버지 친구분이 우리집에 불이 났다고 했다. 아버지 교통사고에 이어 집에 불까지 난 것이다. 자전거를 타고 집에 가보니 아궁이에서 불이 옮겨 붙어서 안방이 모두 탔다. 그때는 어려서 '이제 우리 어떻게 살지?'하는 생각도 하지 못했다. 어떤 단체에서 보내온 이불과 깡통 먹거리들이 마당에 수북이 쌓여있었다. 엄마는 그때를 회상하며 어떻게 살아야 할지 앞이 캄캄했다고 하셨다.

이토록 삶이 어려워서였을까? 어린 시절의 기억을 떠올리면 부모님의 다정한 모습을 본 기억이 없다. 나를 안아준 기억도 없다. 초등학교 다닐 때는 엄마에게 지우개 산다고 백 원 받으면 오십 원은 지우개를 사고 남은 오십 원은 꼭 엄마께 돌려드렸다. 그러면 엄마는 "아유~ 우리 주미 착하네"라고 칭찬해 주셨다. 나는 엄마에게 칭찬 한 마디라도 더 듣고 싶어서 남은 오십 원으로 아이스크림을 사먹고 싶어도 꾹 참았다. 학교 근처에 줄 서있는 리어카에서 파는

핫도그를 먹고 싶어도 참았다.

하지만 남동생은 오십 원으로 지우개 사고 남은 오십 원으로 맛있는 것을 사먹었다. 엄마에게는 백 원짜리 지우개를 샀다고 거짓말했다. 엄마는 다 알면서도 그냥 넘어가셨다. 나는 이런 사실을 알고 '홍우진! 넌 거짓말쟁이야.' 하며 속이 부글거렸지만 내색하지 않았다. 그냥 넘어가주는 엄마에게도 서운했다. 이렇게 나는 속을 보이지 않고 참는 것에 익숙해져갔다. 애늙은이처럼.

– 이사야 30:26

왼쪽 눈의 눈물이 오른쪽 눈을 타고 흘러

"집에서 걸어가면 5분, 10분 거리에 중학교가 두 개나 있는데, 왜 하필 제일 먼 중학교로 가게 되었다니?"

엄마가 푸념을 늘어놓으셨다. 시골집을 팔아 큰돈이 들어오게 되자 엄마는 3200만원 하는 삼부연립을 사자고 했지만 아버지는 가게를 하고 싶어했다. 시골집은 볼품없이 낡았지만 그 지역이 개발이 되면서 땅값이 많이 올라 제법 큰돈을 받을 수 있었다.

가게 자리를 알아보러 다니던 아버지가 땅 주인에게 물었다.

"여기에 카센터를 할 건데, 혹시 새 건물을 지을 계획이 있나요?"

"아니요. 새로 건물을 짓지 않을 것이니 염려 말고 하세요."

땅주인의 말을 믿고 카센터를 개업했다. 정비 기술이 있는 외삼촌과 부모님이 함께 운영했다. 가게 근처에 집을 얻어 엄마도 많이 편해졌다.

　카센터를 운영하면서 두 분의 싸움은 더욱 심해졌다. 어떤 날은 집안의 물건을 던지면서 다퉜다. 나는 무서워서 내 방에서 조용히 울었다. 오른쪽으로 누워 울면 왼쪽 눈에서 나온 눈물이 오른쪽 눈가를 타고 흘러 내렸다. 다투고 나면 엄마는 집을 나가 며칠씩 안 들어왔다. 엄마가 들어오지 않는 날엔 아침에 일찍 일어나서 밥을 하고 남동생과 내 도시락을 쌌다. 점심시간이 되면 친구들이 내가 싼 도시락인 걸 알아챌까봐 두려웠다. 조심스레 도시락을 꺼내 놓고 눈치를 보며 밥을 먹었다. 선생님이나 친구에게도, 그 누구에게도 털어놓고 얘기하지 못했다. 혼자 끙끙 앓으면서 겉으로는 아무렇지도 않은 듯 밝은 척하며 지냈다.

　그러던 어느 날 카센터가 있던 자리에 새로운 건물이 들어온다는 소식이 들렸다. 건물주인은 미안하다며 새로 건물이 지으면 카센터는 못하지만 가게를 하나 내줄 테니 무엇이든 하라고 했다. 아버지는 실의에 빠졌다. 건물주인의 말대로 그곳에서 작은 가게를 했더라면 삶이 나아졌을까? 아버지는 절망에 빠졌다. 차에 농약을 싣고 여기 저기 배회하고 다녔다. 아버지 친구는 아버지가 자살할까 염려되어 아버지 차를 몰래 뒤따라 다녔다고 한다.

　카센터를 그만 둔 부모님은 다방을 하셨다. 방 한쪽에서는 화투 치는 소리가 들렸다. 방안엔 담배 연기가 가득했다. 그 당시에 엄마는 가끔 우리에게 '돈가스 먹으러 가자.'며 남동생과 나를 시내로 데리고 갔다. 나와 남동생이 돈가스를 먹고 있는 동안 엄마는 어디론가 나갔다 돌아오셨다. 나중에 알고 보니, 엄마는 카바레에서 춤을 추고 온 것이었다.

엄마는 서른 중반이었고, 에너지가 많은 활기찬 성격이었다. 집안일에, 다방 주방일까지 씩씩하게 해내셨다. 엄마는 아침 일찍 일어나서 앞마당, 뒷마당을 쓸었다. 내가 일어나서 방문을 열고 나오면 마당이 항상 깨끗했다. 음식 솜씨는 또 얼마나 좋은지. 요술손으로 조물조물 무쳐준 호박부침과 나물반찬, 고추튀김과 된장찌개는 정통 시골밥상 그 자체다. 엄마는 내 도시락을 싸면서 "주미는 마른 반찬을 먹지 않으니 뭘 싸야하니?"라며 고민하셨다.

또 맛있는 것을 잔뜩 해서 이웃들과 나누고 사람들이 맛있게 먹으면 행복해 하셨다. 노래도 잘하는 엄마는 흥도 많았다. 이렇게 에너지가 많은 엄마를 아버지는 이해하지 못했다.

그 무렵 엄마는 전화를 받고 밖으로 나가는 일이 잦았다. 잠시 외출을 하거나 며칠 만에 돌아오기도 했다. 며칠만에 돌아왔을 때는 더 심하게 다투셨다. 엄마가 집을 나가면 만나는 사람들마다 나에게 물었다.

"엄마 어디 갔니?"

"엄마하고 연락은 되니?"

"밥은 누가 해 먹니?"

누구도 따뜻하게 안아주거나 같이 울어주지 않았다. 내 감정을 외면당한 채 질문만 받으니 당황스러웠고 속상했다. 위로받고 싶은 내 속마음은 더 깊은 곳으로 숨어 버렸다.

"엄마가 보고 싶어요. 제가 아침마다 밥하고 동생 도시락까지 싸요. 힘들고 외로워."라는 말 대신 "몰라요."라고 퉁명스럽게 대답하고는 눈물이 나서 자리를 피해버렸다.

고입 원서를 낼 때가 되었다. 인문계 고등학교를 가고 싶다는 진짜 속마음을 한 번도 말 한 적 없는 나는 용기를 냈다. 이것마저 시도해보지 않는다면 평생 마음에 한이 될 것 같았다. 부모님의 허락 없이 외국어 고등학교에 원서를 냈다. 합격통지서를 받자 부모님은 어쩔 수 없이 입학시켜 주었다.

나는 고등학생이 되었고 부모님의 다툼은 더욱 심해졌다. 친구들은 좋아하는 사람에게 어떻게 마음을 전할까 고민할 때 나는 매일 다투는 부모님과 어떻게 살아야 할지 걱정했다.

이런 상황을 들키면 어쩌나 애써 활발한 척하고 살았다. 마음을 표현하는 것에 서툴고 감추다 보니 친구들과 깊은 관계를 맺을 수 없었다. 친구들이 나의 가난한 형편을 알까 두려웠다. 나를 불쌍한 눈으로 볼까 무서웠다. 부모님은 내가 어릴 때부터 나에게 항상 이렇게 말씀하셨다.

"주미야, 너는 대학가지 말고 네 동생 운동 뒷바라지 해야지. 네 동생이 가슴에 태극기를 달면 우리 집안이 산다. 살아. 너는 꼭 여상가야 해."

'아니야, 나 인문계 고등학교 갈 거야! 엄마, 아빠는 왜 남동생만

생각해? 내 꿈은? 나 대학 갈 거야. 맨날 공부하지 말래.’

대놓고 표현 한 번 하지 못했다. 울면서 이런 말이라도 해봤다면 성인 사춘기가 오지 않았을까? 어린 나는 ‘내가 이런 말을 하면 부모님 마음 아프잖아. 어차피 말해도 갈 수 없는데 뭐 하러.’라며 애써 꾹 참았다.

계속된 다툼 끝에 부모님은 고등학교 2학년 때 이혼했다. 어느 누구도 이 상황을 설명해 주지 않았다. 앞으로 누구와 살 건지도 묻지 않았다.

사람은 현재 상황을 말로 내뱉을 수 있다면 그 말을 이길 힘이 있다고 한다. 나는 부모님의 이혼의 고통을 감당할 힘이 없었다. 친구에게도, 선생님에게도 말하지 못했다.

나는 아버지와 살게 되었다. 시간이 많이 흐른 후에 엄마에게 그 당시 이야기를 들었다. 엄마는 나를 엄마가 데려가겠다고 아버지에게 사정했지만 아버지는 거절했다고 한다.

운동하는 남동생은 체육 특기자로 고등학교에 진학해 다른 도시에서 생활했다.

아버지의 꿈이 내 꿈은 아니잖아

환하게 웃고 있는 가족사진 속 엄마 얼굴 위에는 하얀 안개꽃 한 다발이 붙어있었다. 그 사진을 볼 때마다 가슴 한 구석이 찌릿했다.

'이제 엄마는 없다.'

이혼 후 아버지는 다방과 집을 정리하고 공원묘지 아래에 비닐하우스 집을 짓고 개를 키우셨다. 아버지와 살게 된 비닐하우스집은 변두리에 있었고, 버스는 한 시간에 한 대가 다녔다. 밤 10시까지 야간자율학습을 해야 했다. 비닐하우스집에서 학교를 다닐 수 없어 아버지 친구 집에서 살게 되었다.

야간 자율학습을 하고 밤 11시가 다 되어 집으로 돌아오면 불은 다 꺼져 있었다. 늦게 오는 나를 반겨주는 사람은 아무도 없었다. 오히려 늦게 오는 나 때문에 아버지 친구 가족들은 현관문을 잠그지 못하고 주무셨다. 죄송한 마음에 발소리가 날까 두려워 까치발을 하고 방으로 들어갔다. 아버지 친구 가족들은 편하게 대해주었지만, 물 한 컵 마시는 것도 눈치가 보이고 불편했다.

아버지는 "네 엄마는 장애인 남편 버리고 간 나쁜 여자야."라고 했다. 나는 아무 말도 하지 못했다. 고개를 돌려 조용히 눈물을 흘릴 뿐이었다. 나를 버리고 간 엄마가 미웠지만 사실은 보고 싶었다. 하지만 엄마를 만나면 지금 나와 함께 살고 있는 아버지께 죄를 짓는 것 같아서 엄마를 만나지 않았다. 엄마가 나를 만나러 학교에 와도 숨어버렸다. 엄마로부터 도망쳐 숨어서 울기만 할 뿐 "엄마" 하며 달려가 안기지 못했다. "왜 나를 버렸어. 아버지가 나 대학가지 말래. 엄마가 보내줘."라고 말하지도 못했다.

내가 다닌 학교는 지방의 외국어 고등학교라서 그리 공부를 잘하는 학교가 아니었다. 입학할 때 성적은 200명 중에 80등이었는데, 시간이 갈수록 성적이 떨어졌다. 가난한 집안에서 어느 대학을 수석으로 입학했느니 하는 이야기는 나에게 일어나지 않았다. 나보다 성적이 좋지 않은 친구들까지 모두 대학에 진학했다. 전교에서 유일하게 나만 대학에 가지 못했다. 성적도 엉망이었지만 입학원서 쓸 돈이 없었다.

수능시험을 본 후 운전면허 학원차가 학교 운동장까지 들어왔다. 친구들은 우르르 몰려가서 차에 탔다. 2층 복도에 서서 운전면허 학원차에 타는 친구들의 모습을 바라보면서 주르륵 눈물을 흘렸다.

'나도 운전 배우고 싶다.

나는 왜 이렇게 가난할까?

나는 왜 이런 집에 태어났지?'

서울에서 미용실을 하는 작은 어머니는 늘 이렇게 말씀하셨다.

"주미야, 네가 우리 집에 첫째야. 네가 첫 테이프를 잘 끊어야 동생들이 잘 된다."

나를 사랑해서 한 말씀인 것을 알고 있다. 하지만 그 말은 나의 숨통을 조여 왔다. 심장이 쪼그라드는 듯했다. 나는 그냥 나이고 싶다. 맏이도 싫고 이혼도 싫고 첫째도 싫다.

고3 겨울방학 때 미용실을 운영하는 작은 어머니와 통화를 했다.

"여자가 기술 한 가지만 가지고 있으면 먹고 사는 데 지장 없다."

작은어머니는 미용 학원비를 보내주셨다. 나는 책상에 앉아서 컴퓨터를 가지고 일하고 싶었다. 사람들 앞에서 프리젠테이션을 하면서 멋지게 살고 싶은 꿈이 있었다.

'내가 미용사를?'

작은 어머니가 학원비를 보냈주셨기 때문에 아무 생각 없이 학원에 다녔다. 미용학원을 다니던 중에 고등학교 졸업식이 있었지만 가지 않았다. 미용학원 구석진 곳에 앉아서 혼자 눈물만 흘렸다. 내 자신이 초라하고 불쌍해서 미칠 것 같았다.

길을 가다 맞은편에서 고등학교 친구가 오는 것이 보이면 다른

길로 돌아갔다. 친구가 "대학 어디 갔니? 전공이 뭐야?"라고 물을
까봐 두려웠다. 마치 친구는 평범한 옷을 입고 있는데 나는 더럽고
찢어진 옷을 입고 있는 것 같았다. 친구와 이야기하기 좋아하는 내
가 친구들을 피하고 있었다. 다른 골목으로 돌아가면 어느새 눈물
이 흘렀다.

'너는 부모님 잘 만나서 좋겠다. 나는 이게 뭐니? 내 인생 이게 뭐
야?'

미용사 시험이 다가오던 어느 날, 아버지에게 연습용 가발을 사
달라고 했다. 당시 이만오천 원 정도로 고가였다.

"돈도 없는데 재료비를 달라고 하니?"

아버지는 버럭 화를 냈다. 그날 학원에 가서 우울한 얼굴로 앉아
만 있었다. 같이 학원 다니던 언니들이 무슨 일 있냐고 물었고, 아
버지께 가발 값 달라고 했다가 혼났다는 말을 하면서 울었다. 멀리
있는 남동생 생활비는 꼬박꼬박 보내주면서 꼭 필요한 가발 값은 없
다고 화내는 아버지가 야속했다.

'나를 또 차별하는구나! 언제나 이런 식이야!'

마음속에 불만과 분노를 품었다. 아버지에게 손 안 벌리려고 아
르바이트를 시작했다. 대학생인 이종사촌이 방학 때 하던 팬시점
아르바이트를 나에게 넘겨주었다. 아르바이트 하면서 학원을 다녔
다. 고등학교 친구들 모임이 있어도 가지 않았다. 친구들은 대학에
진학해서 소개팅을 하고 술을 마시며 즐기고 있을 때 나는 가발 머

리를 잘랐다. 6개월 남짓 학원을 다니고 자격증을 취득했다. 미용사 자격증을 취득했지만, 미용사로 일을 하고 싶지는 않았다.

'미용실은 사람을 예쁘게 꾸며 주는 곳인데 나처럼 이빨이 삐뚤빼뚤하고 못생긴 애를 누가 쓸까?' 자신이 없었다. 내 모습이 보이는 거울 앞에서 다른 사람의 머리카락을 자른다는 것은 생각만 해도 손이 떨렸다.

'머리카락은 한번 자르면 다시 붙일 수 없잖아. 미용사는 아버지의 꿈이지. 내 꿈은 아니잖아. 역시 미용사는 아니야!'

미용실에 취직하지 않고 옷가게에서 일을 했다. 몇 년을 그렇게 보냈다. 그것은 원하지도 않은 미용을 배운 것에 대한 분노의 표현이었다. 그후로 여러 가지 아르바이트와 일을 하면서 지냈다. 진득하니 오랫동안 일할 수 있는 곳이 없어서 방황하다가 결국엔 미용실에 취직했다. 미용실에 취업하자 작은 어머는 본인의 직업과 같은 곳에 발을 들인 나를 환영해 주었다. 아버지는 결혼하고도 계속할 수 있는 일이라며 좋아하셨다.

일을 하게 된 곳은 재래시장 안에 허름하고 작은 미용실이었다. 손님들 머리를 열심히 감겨 주었다. 허드레일만 열심히 할뿐 정작 배워야 하는 미용기술은 배우고 싶지 않았다. 2년이 지나도 짧은 남자 머리 하나 깍지 못했다.

한번 자르면 다시 붙일 수 없는 머리카락을 자른다는 것에 엄청난 공포심이 있었다. 미용실 안에 사람들이 모두 내 손만 쳐다보는 것 같았다. 손이 덜덜 떨리고 식은땀이 등 뒤에 줄줄 흘렀다. 결국 미용실을 그만두었다.

　미용실을 그만두니 마치 예정이라도 된 듯 서울 작은집에서 사시던 할아버지가 돌아가셨다. 나는 엄마의 자리를 대신해서 할아버지 상을 치렀다. 어른들은 손님을 받느라 바쁘다. 나는 남동생과 고등학생인 작은집 아이들과 손님상을 차리고 상을 치웠다. 작은집 아이들은 틈틈이 부모님과 도란도란 이야기를 하며 일을 했다. 그 모습이 부러워 또 코끝이 찡해왔다. 나는 아버지와도 남동생과도 친하지 않았다. 그냥 묵묵히 엄마의 빈자리를 대신할 뿐이었다.

　‘엄마가 있었다면 엄마랑 정답게 이야기도 하고 힘들다 투정도 했을 텐데….’

　할아버지 상을 치르면서 엄마의 빈자리가 더욱 크게 느껴졌다. 맏이라는 책임감과 부담감이 나를 힘들게 했다.

엄마하고의 삶

할아버지 장례를 치르고 비닐하우스 집으로 돌아왔다. 아버지는 개 키우는 것을 그만두고 보험회사에 다녔다. 다단계 물건을 팔기도 하는 등 여러가지 일을 하셨다. 그렇다고 다른 집으로 이사갈 돈은 없었다. 늦은 밤 택시를 타고 내릴 때면 택시기사가 놀란 눈으로 고개를 돌려 쳐다본다.

"여기에서 내려요? 집도 없는데."

택시기사는 '사람이야 귀신이야'라는 눈빛으로 쳐다본다. 집이 길보다 아래에 있었기 때문에 택시에서 집이 보이지 않았다. 인적이 드물고 공원묘지 입구에 있으니 놀랄 만도 하다.

한 번은 밤이 늦었는데 아버지는 아직 집에 돌아오지 않았다. 강아지 '땅콩'이는 계속 짖어대고 무언가 움직이는 이상한 소리는 나는데 무서워서 나갈 수가 없었다. 산짐승인가 하고 경찰에 신고했다. 경찰차가 들어오는 것을 보고 밖으로 나와 소리를 나는 곳을 찾아보니 닭이 돌아다니고 있었다. 땅 주인 아저씨가 다음날 잡아먹으려고 닭을 묶어서 개집 근처에 놓고 간 것이었다. 소리의 정체를 알고서야 비로소 안심할 수 있었다.

추운 날엔 물이 얼어서 나오지 않았다. 속옷은 손으로 빨면 되었지만 수건은 물을 먹으면 무거워서 빨 수가 없었다. 세탁기를 돌릴 수 없어 빨래는 쌓여 갔다. 이런 사정을 알고 막내 이모가 집에 와서 빨래를 하라고 했다. 그런데 빨래를 하려고 세탁기 뚜껑을 열었는데 뚜껑 연결부분이 고장나 버렸다. 이모한테 고장 났다고 말도 못하고 빨래만 해서 가져왔다. 그날 밤에 이모가 전화로 세탁기 문이 고장 났다고 해서 얼마나 미안하고 얼굴이 화끈거리던지.

제과점에서 아르바이트를 시작했다. 버스터미널에서 가까운 제과점이었다. 고등학교 동창이 빵을 사러왔다. 화장실로 도망치고 싶었다.

'제발 빵만 사서 가렴.'

그 친구는 계산을 하면서 나를 알아보곤 "어? 안녕. 여기서 아르바이트 하니? 학교는 어디 갔어?"라고 물었다. 나는 눈을 마주치지도 못하고 얼버무렸다. 걱정했던 고통스러운 상황을 마주하게 된 것이다. 그 친구는 내가 당연히 대학을 다니면서 아르바이트를 한다고 생각했다. 대학 못 갔다는 말도 못하고 계산을 해주면서 가슴 속에서 피눈물이 났다.

'친구야. 묻지 마. 나 대학 못 갔어. 우리 부모님 이혼하고 돈이 없어서 못 갔어. 특별히 공부를 잘 하지도 못했고. 제발 그냥 가.'

어느 날 일을 마치고 집에 돌아왔는데, 누군가 집에 들어와서 어지럽힌 흔적이 가득했다. 가끔 땅 주인 아저씨가 우리집에서 화투를 쳤는데 그때와는 분위기가 달랐다. 서랍장이 열려졌고 내용물이 서랍장 위에 올라와 있었다. 장롱이 열려있고 이불을 뒤적거린 흔적이 남아있었다. 텔레비전 아래에 있던 비디오테이프도 몽땅 가져갔다. 드라마에서 보던 장면이 우리 집에 일어났다. 나는 다리에 힘이 풀려 주저앉았다.

'무슨 일이지? 도둑이 들었나?'

울면서 이모에게 전화했다.

"이모, 집에 왔는데 누군가 집에 들어와서 뒤진 것 같아. 집이 엉망이야."

목소리도 손도 덜덜 떨렸다. 이모의 연락으로 아버지와 함께 살던 집을 나와서 엄마와 살게 되었다.

그 당시 아버지는 환경 관련 일을 하고 있었는데, 쓰레기 불법 소각을 신고하지 않는 조건으로 업체로부터 돈을 받은 혐의로 경찰에 체포된 것이다. 선비 같은 아버지가 돈을 받으셨다니.

아버지 면회를 가는 날이다. 남동생은 체육특기생으로 고등학교에 진학하면서 다른 도시에 가서 살았다. 집안에 이런 일이 있는지 모르고 지냈다. 주위 분들이 동생이 알면 마음 못 잡는다면서 알리지 말라고 했다. 엄마 없는 집안에 큰일은 나 혼자 온몸으로 받아냈다. 아버지를 보자 뜨거운 눈물이 볼을 타고 흘러내렸다. 괜찮으신지, 식사는 잘 하시는지 여쭤보지 못했다.

"저는 괜찮아요. 아빠."라고 말하지 못했다. 철창 너머로 초라한 아버지 모습만 바라보고 눈물만 흘리다 돌아왔다. 마음 한구석에 원망 섞인 서러움이 밀려왔다.

'남동생아, 너는 좋겠다. 이런 일 모르고 지내니. 나는 집안에 일어나는 일을 다 알고 있다. 내가 나서서 일을 처리해야 해. 나는 엄마가 아닌데, 엄마 역할을 해야 한다고. 너무 힘들다. 그냥 죽어버리면 좋겠다. 거지같은 삶 끝내버리고 싶다.'

아버지가 어떻게 살았는지 그리고 어떤 사람인지 잘 아는 분들이 탄원서를 제출했다. 아버지는 곧 풀려났다.

엄마하고 살면서 엄마가 해주는 따뜻한 밥을 먹게 되었다. 7년 만에 같이 살게 된 것이다. 어느 날 밤에 엄마하고 나란히 누웠다. 눈을 마주치고 누웠는데 외국인 하고 마주한 듯 어색했다. 엄마가 "주미야. 힘들었지?"하며 안아주었다. 엄마 없이 잘 살아주어서 고맙다고 하셨다. 눈 마주침이 어색해서 엄마 눈을 똑바로 볼 수 없었다. 왼쪽 눈의 눈물이 오른쪽 볼을 타고 흘러내렸다. 중학교 때 집 나간 엄마를 기다리던 그때처럼.

엄마와 만나는 분이 허름한 빌라를 마련해 주었다. 부모님은 이혼해서 따로 살고 있지만 아직 나는 언젠가 두 분이 다시 사는 희망을 품고 있었다. 그러니 아버지, 어머니가 교제하는 분을 만나려니 참으로 어색했다. 고마운 분들이지만 뭐라고 불러야 할지 난감했다. 정식으로 재혼을 한 것도 아니었다.

빌라에 살면서 흰색 강아지 한 마리를 키웠다. 나를 안아주지 않는 부모를 대신해 강아지를 쓰다듬으며 사랑을 느꼈다. 강아지와 함께했던 한편의 그림이 떠오른다. 일곱 살이나 여덟 살쯤 집 나간 엄마를 문 앞에 앉아 기다렸다. 옆에는 내 앉은 키와 비슷한 커다란 강아지가 나란히 앉아 있었다. 한 손은 강아지를 안고 다른 손은 강아지를 쓰다듬고 있다. 저 멀리 노을이 지고 있었다. 그때 나를 달래주는 것은 강아지의 보드라운 털과 숨결이었다.

엄마는 집에서 동네 아주머니들과 화투를 자주 쳤다. 당구장을 할 때도, 카센터를 할 때도 그랬다. 퇴근해서 집에 오면 담배연기가 자욱했다. 내 방에서 화투를 치는 날도 있었다.

"딸아, 엄마 화투 치는 거 네가 이해해줘. 엄마 허리가 아파서 일도 못해. 이렇게 사람들이 와서 화투를 치면 돈을 주고 가는데 그게 생활에 큰 보탬이 되거든."

당당하게 돈을 벌 수 있는데 왜 저러고 살까? 이해할 수 없는 어른들이었다. 허름했지만 그 빌라가 좋았다. 하지만 곧 그 집이 경매에 넘어갔다는 소식이 들렸다. 내 삶의 평온을 시기라도 하듯이 또 불행이 찾아온 것이다.

“걱정 마. 집주인 아저씨가 보증을 잘못 서서 집이 경매에 넘어갔는데, 다시 사면 되니까.”

그 말을 믿었다. 아니 믿고 싶었다. 하지만 적은 금액 차이로 살던 집을 낙찰 받지 못했다. 경매로 집을 산 사람들이 찾아올까 두려웠다. 집에 혼자 있는 날이면 불도 켜지 않고 지냈다. 누군가 여러 번 초인종을 눌렀지만 나가지 않았다. 초인종을 아무리 눌러도 답이 없자 화가 난 듯하다. 초인종이 울리면서 현관문이 앞뒤고 덜컥거린다. 이내 현관문을 주먹으로 쿵쿵 친다.

나는 강아지를 품에 안고 어둠 속에 숨어서 조용히 울었다. 시끄러운 소리에 앞집 사람이 문을 연 듯하다.

“여기 아무도 안 사나요?”

“사람 살아요.”

“그런데 왜 초인종을 눌러도 대답이 없지?”

앞집 아줌마와 경매 받은 사람들이 대화하는 소리가 들렸다. 문구멍으로 조심히 밖을 보았다. 밖에 서 있는 사람은 내가 아는 사람이었다. 아는 사람이라는 것을 알자 온몸이 떨리고 다리에 힘이 풀려 주저앉았다. 미용실 다닐 때 가끔 손님으로 오던 사람들이었다. 미용실에서 머리를 할 때 어디를 경매 받았고 얼마라는 이야기를 종종 하곤 했는데, 바로 그 사람들이었다. 큰일이다. 내 얼굴을 알아보면 어쩌지? 아래턱이 부딪쳐 턱턱 소리가 났다.

조금 후 그들은 발길을 돌려 밖으로 나갔다. 나는 돌아간 걸 확인하고 안도의 한숨을 내쉬며 거실의 커튼을 손으로 걸었다. 바로 그때 그들은 커튼 걷는 소리를 듣고는 쿵쾅거리며 다시 집으로 올라왔다.

"아니, 집에 있으면서 왜 문을 안 열어?"

주먹으로 문을 두드렸다. 어쩔 수 없이 문을 열고는 한발 물러섰다. 시선을 마주치지 못했다. 어둠 속으로 숨었다. 내가 미용실에서 일하던 사람인 것을 알아볼까봐 조바심이 났다. 마치 그 사람들 앞에 벌거벗고 서있는 듯 했다. 시선을 피하고 엄마가 안 계시다는 말만 했다.

"저는 잘 몰라요."

그들은 엄마 연락처를 받고 돌아갔다. 하염없이 눈물이 흘렀다. '내 인생, 이게 뭐지? 나를 지켜주는 부모도 없고, 편하게 쉴 집도 없다. 내 인생 도대체 이게 뭐냐고! 내 자신이 불쌍해서 미치겠다.

엄마와 함께 살 집을 구할 돈이 없어 결국 엄마와 나는 각자 방을 구해서 이사했다.

어느 날 직장으로 의료보험 독촉장이 날라 왔다. 아버지가 의료보험을 체납해 내 급여에 차압이 들어온 것이다.

'이건 또 뭐지?'

점심시간을 이용해서 의료보험공단에 갔다. 밀린 금액과 연체료가 70만원이었다. 그 당시 급여는 95만원 정도였다. 아버지에 전화했다.

"내가 수입도 없는데 자꾸 내라고 해서 몇 번 싸웠다. 나는 돈 없어서 못 낸다고 딱 잘라 말했다.”

딱 잘라 말해서 해결될 일이던가? 미납금을 납부하지 않으면 내 급여에서 나간다기에 눈물을 흘리면서 낼 수 밖에 없었다.

“아들, 아들하면서 아들만 좋아했으면 아들한테 내라고 하지. 왜 또 나냐고! 내 인생 진짜 거지같다. 사랑과 관심은 동생이 다 받고 힘든 일, 어려운 일은 다 내가 처리하고, 정말 살기 싫다.”

하지만 이것은 시작에 불과했다.

“누가 찾아왔는데 잠깐 내려와 봐요.”

1층 사무실에서 연락이 왔다. 내려가 보니 휠체어를 탄 아줌마와 모르는 남자 한 명 그리고 아버지가 있었다. 휠체어를 타고 있는 사람은 아버지와 한때 가까이 지내던 분이다. 아버지와 함께 아줌마 댁에 가서 밥을 지어 먹기도 했다. 유쾌하고 좋은 분이었다.

“주미야, 너희 아빠가 너한테 미안해서 말 못한다고 해서 내가 직접 왔어. 같이 온 사람은 내 남편이야. 너 미용학원 다닐 때 가발 산 거 내가 너희 아버지 빌려준 돈이야. 그 돈 받으러 왔다.”

아버지를 쳐다보았다. 내 눈을 피해서 창문 밖을 보고 계신다. 내가 일하는 곳에 찾아와서 이게 무슨 망신이야. 창피해서 미칠 지경이다. 내가 좋아하던 분인데, 돈을 달라고 이렇게 찾아오다니.

사무실의 커다란 유리 너머로 4차선 도로가 보였다.

‘언제까지 아버지 뒷치다꺼리 할 거니? 죽어버리면 다 끝나는 거야. 저기 달리는 차에 뛰어들어 죽어버려.’

내 마음 속에서 이런 외침이 들렸다. 그리고 한 줄기 눈물이 주르륵 흘러내렸다.

'그토록 좋아하던 아들한테 가지 왜 나에게 왔을까? 아들은 다른 도시에 살고 나는 아버지와 같은 도시에 살고 있으니 문제구나. 왜 또 나야! 왜 나만! 나한테만!'

지난번에는 어떤 아주머니와 식당을 하고 싶으니 천만 원을 해달라고 했다. 같이 가서 식당 자리를 보고 왔다. 벌어놓은 돈에 대출까지 받아 천만 원을 만들어야 했다. 나는 돈을 벌어서 치아교정도 해야 하고 결혼도 해야 한다. 며칠을 고민하다 돈이 없다고 처음으로 거절했다. 그런데 이번에 또 돈 문제로 나를 찾아온 것이다. 돈을 해주겠다고 하고 조퇴를 했다. 울면서 이모네 가게로 갔다.

"네가 이번에 돈을 해주면 그 사람들이 또 와서 돈을 달라고 할 수도 있어."

"이모가 만나 봐야겠다. 여기로 오시라고 해."

나는 은행에 가서 적금을 해지했다. 이모네 가게에서 아주머니와 그 아주머니의 남편과 나와 이모가 만났다.

"이 돈 받으시고 다시는 찾아오지 마세요. 얘도 돈 벌어서 결혼해야지요. 약속하세요. 다시는 찾아오지 않겠다고요."

아주머니는 그러겠다고 약속을 했고 이백 만원을 받아갔다. 좋아하던 사람에게 배신감을 느꼈을 때의 상처는 너무 컸다. 마음에서 피눈물이 났다. 몸에 상처가 나고 피가 나면 병원에 가서 치료를 받으면 되지만, 마음에 상처가 나면 어떻게 해야 하나? 나는 혼

자 사는 원룸에 들어와 소리 내 엉엉 우는 것 말고는 아무것도 할
수 없었다.

이상한 결혼식

사랑하는 사람을 만나 존경하며 살고 싶었다. 남편은 결혼하면 자신을 존경하겠다는 말이 마음에 쏙 들었다고 했다. 서로 다른 도시에 살던 우리는 한 달에 한두 번 만났다. 둘 다 술을 좋아하지 않아서 데이트는 주로 맛있는 밥을 먹는 것이었다. 남편이 다니는 대학에서 데이트를 할 때면 캠퍼스를 걷고 있다는 설렘으로 가슴이 벅차올랐다. 한편으로는 내가 고졸이라는 게 창피했다. 남편의 친구들이 어디 학교 다니는지, 전공이 뭔지 물을까봐 두려웠다. 남편과 데이트를 하던 중에 사람을 만나면 시선을 어디에 둬야 할지 몰랐다.

남편 형의 아이 돌잔치 날이었다. 예비 시부모님과 형제들이 오는 자리니 예쁜 옷을 입고 가야 했다. 가지고 있는 옷 중에 좋은 것을 입고 돌잔치에 갔다. 자존감이 낮은 나는 익숙하지 않지만 앞으로의 삶에 중요한 사람들을 만나는 자리가 부담스러웠다. 남편은 5남 1녀 중 막내다. 돌잔치가 끝나고 남편이 말했다.

"우리 어머니가 자기 옷이 낡았다고 하면서 좋은 걸로 하나 사 입히라고 하셨어."

나는 얼음처럼 굳어버렸다.

'다른 사람들 눈에도 내가 초라하게 보이는구나!'

남편의 집에 인사 드리는 날이다. 아버님은 붉은 얼굴빛을 하고 이렇게 말씀하셨다.

"집에 올 때 꼭 세 가지를 사와라. 술, 담배 그리고 고기."

아버님을 자주 뵙고 보니 얼굴이 붉은 이유가 술을 많이 드시기 때문이었다.

남편의 집에 인사를 드리고 집안 행사에 참석하며 지냈다. 그러던 중 어머니께서 쓸개암 판정을 받으셨다. 아들과 며느리가 많이 있었지만, 각자의 사정으로 인해 넷째 형님 한 분만 병간호를 했다. 당시 넷째 형님은 큰 아이가 30개월 전후였고 작은 아이는 생후 10개월 전후였다. 어린 아이를 키우기는 것만 해도 힘든 상황이었다. 형님은 하혈로 산부인과 치료를 하면서도 간병을 했다. 자신의 아픈 몸을 돌보지 못하고 간병해야 했던 형님은 아직도 마음에서 피눈물이 흐른다고 했다.

　아버님께서는 어머님이 살아계실 때 막내아들을 결혼 시키겠다고 했다. 상견례를 하는 날, 친정아버지와 엄마를 대신해서 먼 친척한 분이 오셨다. 상견례 하는 자리에 친정 엄마가 함께 올 수 없어 가슴 한구석은 얼음처럼 차가웠다. 마치 겨울밤 한지를 바른 나무 창문 틈으로 매서운 바람이 휘몰아쳐 들어오듯이.

　상견례 하기 전에 남편은 우리 부모님의 이혼 사실을 아버님께 비밀로 하는 게 좋겠다고 했다. 남편 될 사람이 그렇게 하자고 하니 그럴 수밖에 없었다. 부모님이 이혼한 것이 이렇게 흠이 되는구나!

　상견례 후, 어머님의 병세가 악화되자 아버님은 "네 어머니 병세가 악화되니 5월에 식을 올리자."고 하셨다. 결국 결혼식을 앞두고 어머님께서 돌아가셨다. 나는 결혼도 하지 않은 채 상복을 입고 어머님 장례를 치렀다. 다니고 있는 회사에 휴직 신청을 하니 '아직 결혼도 안했는데' 하며 의아해했다. 다행히 과장님이 배려해준 덕분에 3일 동안 장례에 참석할 수 있었다. 사랑하는 사람을 먼저 떠나보내는 눈물은 땀방울보다 지치고 힘들었다. 공원묘지에 어머님 관을 내리는데 남편의 큰 누나가 통곡하며 매달렸다. 사랑하는 사람을 먼저 보내는 마음이 이리도 쓰리고 아프다. 봄에 어머님을 보내드리고, 시아버님이 해를 넘기지 말고 가을에 식을 올리자고 했다.

　결혼을 준비할 때 미용학원을 다니며 친동생처럼 보살펴 주던 언니는 이렇게 말했다.

　"주미야, 결혼은 인생에 한 번뿐인데 결혼식장에 엄마가 오시는

게 좋지. 물론 아버지께서 반대하실 거야. 아들 결혼식도 아니고 딸 결혼식인데 엄마가 오셔야지. 아버지하고 한번 상의해봐.”

“언니, 부모님이 이혼하면 결혼식을 할 때 이런 문제가 생기네요. 양쪽 부모님 다 오면 좋겠지만 아버지가 어떻게 나오실지 모르겠어요. 한번 여쭤볼게요.”

엄마에게 먼저 결혼식장에 오시면 어떻겠냐고 물었다.

“만약 그러면 네 아버지 결혼식장 다 뒤집어엎을 거야. 절대 안 돼.”

아버지가 무섭기는 하지만 폭력적이거나 욱하는 성격은 아닌데, 정말 그럴까? 이게 그렇게 심각한 일인가?

아버지를 만났다.

“네 엄마가 결혼식장에 온다고? 절대 안돼! 네 엄마는 거기 앉을 자격이 없어.”

아버지를 몇 번 만나서 설득했지만 완고하셨다.

“네 엄마가 식장에 오면 작은 아버지는 안 온단다.”

“엄마가 못 오시면 이모들은요?”

“이모들은 와도 되지.”

내 결혼식인데 내 마음대로 못하는구나! 어떻게 해야 하지? 인생에서 중요하고 행복한 날을 앞두고 나는 또 고개를 숙이며 울었다.

“아버지께서 엄마가 식장에 오시는 것을 용납할 수 없다면 엄마하고 하겠어요.”

감정표현을 잘 하지 못하는 내가 어디서 그런 용기가 났는지 모르겠다. 완고한 내 뜻에 아버지가 못이기는 척 따라주길 바랐다. 결국 아버지는 결혼식장에 오지 않았다. 상견례는 아버지와 하고 결혼식은 어머니와 하는 이상한 결혼식이 되어버렸다. 남동생은 아버지도 없이 결혼식을 한다고 얼굴을 잔뜩 찡그렸다.

"누나 결혼식이 … 이게 뭐야?"

남동생 말을 듣는 순간 속에서 화산이 부글거리듯 끓어올랐다.

'네가 뭘 안다고 화를 내니? 너 그럴 자격 있어? 아버지가 보내주는 돈으로 학교 잘 다닌 네가? 그동안 내가 아버지와 살면서 당한 수모를 네가 알아? 의료보험비 밀렸다고 월급 차압 통지서 받아봤니? 회사로 아줌마가 찾아와서 돈 내놓으라고 했어! 아무 말도 말아! 네가 뭘 안다고 그래? 너는 동생이라서 좋겠다. 아버지도 어머니도 나 결혼하는데 돈 한 푼 보태준 거 없다. 결혼식도 예단비도 혼수도 내가 다 혼자 준비했어. 너는 내 고통을 아니? 너는 명절 때 집에도 안 오고 집안에 어려운 거 안 보고 살았잖아! 아무것도 모르잖아. 아무 말도 하지 마!'

말을 내뱉진 못했지만 원망과 분노의 눈빛으로 동생을 쳐다봤다. 남동생도 부모님과 떨어져 외로웠을 것이다. 넉넉하지 않은 돈으로 힘들었을 것이다. 그런 남동생의 마음을 전혀 헤아리지 못하고 내 감정만 내세웠다. 마치 손에 날카로운 칼을 쥐고 사는 사람처럼.

결혼하고 아는 사람 한 명 없는 곳에서 살게 되었다. 14시간의 진통 끝에 겸자 분만으로 첫 아이를 낳았다. 2주의 산후조리원 생활을 마치고 집으로 돌아왔다. 남편은 출근을 하니 두려움이 밀려왔다.

‘나 혼자 아기를 책임져야 하는구나!’

기저귀를 갈아야 하는데 가냘픈 다리를 손으로 잡으면 부서질 것만 같았다. 손바닥으로 엉덩이를 받치고 기저귀를 갈았다. 서투른 나에게 남편이 아기 양쪽 발을 손가락 사이에 끼고 아기의 엉덩이를 손으로 받친 후 들어올리면 된다고 알려주었다. 아기 다리가 가늘지만 부서지지 않으니 안심하라고도 했다. 남편은 조카들 키우는 것을 보았기에 나보다 능숙했다.

아기는 밤이고 낮이고 세 시간 이상 잠을 자지 않았다. 업고 있으면 잠을 잤고 내려놓으면 깨서 울었다. 허리 아파 낳았는데 또 허리가 휘도록 애를 업고 있어야 했다. 친정엄마가 “아기가 밤낮이 바뀌었구나! 백일 지나면 괜찮아”라고 했지만 나아지지 않았다. 5월에 아기를 낳고 안방 온도계를 보니 30도였다. 젖을 먹이려면 팔에 수건 두 장, 아기 턱 아래, 젖이 흐를 것을 대비해서 한 장 그리고 내 땀 닦는 손수건 한 장 이렇게 다섯 장의 수건이 필요했다. 에어컨도 없었고 선풍기가 있었지만 아기에게 해가 될까 바람을 직접 쐬지도 못했다.

끼니때가 되면 밥을 먹는 것이 아니라 한꺼번에 입에 쑤셔 넣었다. 얼른 달려와 아기에게 젖을 먹이면서 물을 마셨다. 그렇게 입안에 음식물을 삼켰다. 아기에게 좋다기에 천 기저귀를 쓰고 매일 삶았다. 백일도 되지 않아 산후우울증이 왔다. 아기는 밤이고 낮이고 울어댔다. 배가 고픈 것인지 어디가 아픈 것인지 도대체 알 수가 없어서 아기랑 같이 울었다.

"벼리야, 나도 사람이야. 나도 먹어야 하고 잠도 자야지. 힘들어 미치겠다. 나더러 어떡하라고?"

소리치며 엉엉 울었다.

친정엄마가 반찬을 보내 주셨지만 수유 중이라 먹고 싶은 것을 마음대로 먹을 수 없었다. 잠은 부족하고 집은 좁고 답답해서 미칠 것만 같았다. 안방에 앉아 베란다 너머로 세상을 초점없이 바라보았다.

'여기서 뛰어내리면 다 끝나는 거지? 애는 어쩌지? 집에 불을 확 질러버릴까? 내가 미친 걸까?'

남편은 가난에서 벗어나고 싶어했다. 직장생활만 해서는 안 되겠다며 퇴근 후에 마케팅 사업을 하러 다녔다. 밤 12시가 넘어 집에 들어오는 일이 많았다.

'나는 혼자 미치도록 힘든데, 남편은 늦게 들어오는구나! 남편의 마음도 이해는 가지만 당장 내가 죽겠다고 힘들다고!'

남편하고 싸우는 날이 많아졌다.

Part 2

마음의 상처와 부르심

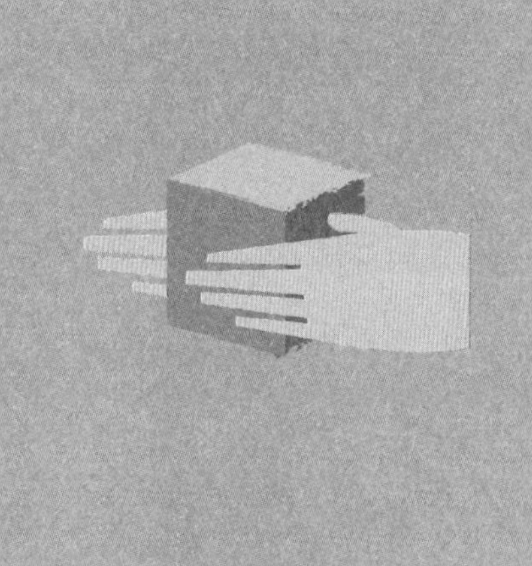

일중독자

결혼 전에 인터넷 관련 일을 했다. 예전엔 전화선으로 인터넷을 사용하면 인터넷을 하고 있는 동안 전화가 통화중이기 때문에 불편한 점이 많았다. 그러다 인터넷만 사용하는 전용선이 출시되면서 새로운 세상이 시작되었다. 다른 여직원들도 많았지만 나는 제일 먼저 출근했고 사무실 문을 열었다. 아침 9시가 되기 전부터 전화기가 들썩거리며 울리기 시작했다.

가입신청에서부터 AS는 언제 오느냐는 문의, 고객 불만사항에 이르기까지 전화를 받은 사람이 모두 처리해야 했다. 업무를 나누어 전문적으로 하면 좋으련만 그 당시는 이제 막 시작한 사업이라 체계가 없었다. 신규 개통을 하면 돈이 될 때라 회사는 기존 고객 관리보다 신규 접수에 열을 올렸다.

회사는 케이블 TV 업무에 인터넷 업무까지 하게 되었다. 마치 여러 가지 색의 털실들이 엉킨 실타래와 같았다. 가입신청을 받을 때는 설치할 곳이 단독인지 아파트인지에 따라 상품이 달랐고 가입 기간에 따라 요금도 위약금도 모두 달랐다. 상담을 잘못해서 위약금 안내를 잘못할 경우엔 상담한 사람이 알아서 해결해야 했다. 상사들도 있었지만 경험도 없고 업무도 몰랐다. 고객들로부터 엄청난 인격 모독과 욕을 먹는 경우가 많았다. 전화 상담에 센터로 찾아오는 고객들 상담, 거기에 외주 업체 문의사항을 해결해 주느라 화장실 갈 시간도 없었다. 유일하게 쉬는 시간은 점심을 먹으러 나가는 한 시간뿐이었다.

신규 고객 접수를 받으면 프로그램에 입력을 해야 하는데, 프로그램이 어려웠다. 매뉴얼이 없어서 혼자 해볼 수도 없었다. 일을 하다 막히면 옆 직원이 전화가 끝나기를 기다렸다가 물어보고 진행해야 했다. 상사들 누구도 프로그램에 대해서 제대로 아는 사람이 없었다. 그러니 신입사원이 들어오면 한 명씩 옆에서 가르쳐야 했다. 가르치는 사람도 배우는 사람도 시간이 많이 들었다. 비효율적이었다. 나는 이렇게 해서는 안 된다고 생각했다.

방법을 찾다가 직접 매뉴얼을 만들기로 했다. 프로그램 화면 자체를 프린트 스크린으로 복사를 한 다음 한글에 붙여 넣었다. '프로그램 위에 신규 입력 시 1번을 누른다. 2번 고객 이름과 전화번호를 넣는다. 3번 주소 등록은 이곳을 누르면 주소 입력 프로그램이 활

성화된다. 이렇게 검색해서 넣는다는 식으로 자세하게 만들었다. 실제 사용하는 프로그램 위에 번호를 매겨서 만든 후 프린트해서 파일 철을 했다. 이렇게 하니 신입사원이 하나하나 보면서 직접 할 수 있게 되었고 아주 편리했다. 처음 이렇게 만들고 난 후에 동료들과 의논해서 다른 것들도 비슷하게 만드니 업무가 한결 수월했다.

상담원들에겐 전화 내용을 적는 일지가 있었다. 전화를 받고 내려놓기가 무섭게 다른 전화가 걸려와 전산 작업을 미처 처리하기 전에 다른 전화를 받기도 했다. 전화 업무가 가장 힘든 때는 인근 대학의 방학과 개강 시기다. 방학이 되면 집으로 돌아가는 대학생들은 인터넷 정지 신청을 했고, 개강을 하면 정지를 풀어 달라는 전화가 엄청나게 몰린다. 그렇지 않아도 바쁜데 몰린 업무로 귀에서 진물이 나왔다. 병원에서 당분간 전화를 받지 말라고 했다. 하지만 하루도 쉴 수도 없는 상황이었다.

인터넷 정지를 신청했는데 왜 정지가 안 되고 요금이 나왔냐고 항의하는 전화가 오면 상담원은 각자 자신의 과거 일지를 일일이 찾아보아야 했다. 너무 원시적이었다. 본사 상담원들은 상담 내역을 어떻게 처리하는지 궁금했다. 그래서 본사에 전화해서 고객과의 상담 내용을 입력하는 방법을 배웠다. 상담이 '처리 중'이거나 '완료' 상태까지 입력할 수 있어서 정말 편리했다. 이것을 우리 센터 직원들에게 알려주었다. 이렇게 입력을 해두면 내가 아닌 다른 사람이 전화를 받아도 프로그램에서 상담 내역을 공유할 수 있어서 좋았다.

센터는 1년에 하루도 쉬는 날이 없었다. 업무가 분담되지 않은 상태에서 전화를 받는다는 것은 전쟁터에 맨몸으로 제일 앞에 나가는 것과 같다. 총알받이였다.

　하루는 부장님이 나를 불렀다. 인근 부대 관사에 인터넷 설치를 많이 했는데 장비 일련번호가 맞는지 하나하나 확인을 해달라는 것이었다. '지금도 이렇게 전화가 빗발쳐 들어오는데, 이걸 일일이 확인하라고? 인터넷 가입자 모두에게 전화를 걸어서 기계 뒷면에 일련번호를 불러달라고 하라니! 맙소사 이건 너무하잖아.' 속으로는 이렇게 생각했지만 말하지 않았다. 나는 칭찬받고 싶었고, '나만이 이런 어려운 일을 할 수 있습니다.'라고 인정받고 싶었다.
　부장님께서 오시던 날 기억이 생생하다. 우리는 모두 부푼 기대를 가지고 있었다. '일만 죽도록 하고 급여는 너무 낮은 영업부를 살릴 분이 드디어 오시는구나!' 두 눈을 초롱초롱 빛내며 두 손 모아 기다렸다. 하지만 부장님은 은행 업무를 하던 분이었고 이쪽 일은 하나도 모르는 낙하산 인사였다.
　"잔뜩 기대했는데, 우리를 도와주러 오신 게 아니야?"
　"우리를 감시하러 온 건가?"
　"일도 모르는 부장님이 여기 왜 오신다니?"
　업무도 모르는 낙하산 인사에 대해 반항심이 생겼다. 부장님을 인정하지 않고 은근히 무시했다. 나는 가시를 바짝 세우고 공격할 틈을 노리는 고슴도치 같았다.
　감정 관리에 미숙했던 나는 전화를 받다 고객이 욕을 하면 '꽝!'소리가 나도록 전화를 끊었다. 사무실을 공포 분위기로 만들었다. 전화가 여기저기에서 울리는 시끄러운 상황이었기에 가끔은 그런 행동이 감춰지기도 했다. 내 전화기가 가장 먼저 고장이 났다.

지금 생각하면 부끄럽고 죄송한 마음에 얼굴이 붉어진다. 사무실 안에는 과장님 외 높은 직책을 가진 분들이 계셨는데, 참으로 예의 없는 행동이었다. 그때는 어느 누구도 그런 나에게 주의를 주지 않았다. 당장 그만두면 빈자리가 컸기 때문인 듯하다.

한 번은 사내에서 시험을 보았는데 내가 3등을 했다. 표창장과 상금 십 만원을 받았다.

나는 일을 무척 많이 했고 잘했다. 그로 인해 인정받는다고 생각했다. 부모로부터 받지 못한 사랑을 회사 일을 통해서 대리만족한 것이다. 낙하산으로 오신 부장님을 은근히 무시하면서 말이다.

비뚤어진 마음

회사 여직원이 차를 샀다.

'나보다 나이도 어린데 차를 샀다고? 부모 잘 만나서 호강한다. 호강해.'

나는 회사 근처에 있는 큰 마트에서 퇴근길에 장을 봐서 20리터 종량제 봉투에 가득 담아 집까지 들고 왔다. 회사 여직원이 차를 산 후로 장을 본 것을 들고 가면서 한탄했다.

"나는 원룸에서 혼자 사는데 누구는 차를 사다니! 인생 참 불공평하다. 난 왜 이리 가난하지? 짜증나."

만약 여직원이 차를 산 것을 진심으로 축하해 주었더라면 무거운 내 짐을 그 아이 차에 실어 갈 수도 있었을 텐데 말이다.

점심을 먹으며 직원들과 대화를 했다. 대화라기보다 불만과 불평을 쏟아내는 자리였다.

"일은 영업부가 다 하는데 왜 총무부에 식대 올리면서 눈치를 봐야하니?"

"맞아요. 언니 일주일 단위로만 받는대요. 영수증을 A4에 붙여서 내라고 해서 다시 냈어요."

"정말? 가져갔다가 못 내고 다시 가져왔다고? 너무했네."

"그렇죠? 무안하던 걸요."

이렇게 불만을 입밖으로 꺼내놓으면 총무부 직원들이 더 미워졌고 그들에게 퉁명스럽게 대했다.

"총무부 사람들은 편하겠다. 앉아서 컴퓨터나 두드리고, 돈은 우리가 버는데 말이야. 식대 올릴 때도 그렇고 시간외 수당 올릴 때도 서류 해와라 명령이나 하고 총무부가 갑이구나!"

"맞아요. 기술부 사람들도 부러워요. 우리는 귀에서 진물이 나올 정도로 전화 받는데 그 사람들은 설치만 하면 되잖아요."

"총알받이처럼 전화 받기 싫다. 얼굴 안 보인다고 전화로 욕을 막하고…."

"맞아요. 전화 끊기 전에 내 이름 한 번 더 물어 보면 겁나요"

"나도. 어제는 고객이 막 욕하다가 위에 높은 사람 바꿔 달라고 했어. 부장님한테 말씀드리니까 부장님은 고객 전화 안 받으려고 핑계대시는 거 있지?"

"정말요? 일을 알아야 고객 요구사항을 들어주지. 답답하네요."

"우리 마음 누가 아니?"

"어휴~."

점심을 먹은 후 사무실 앞 인도에 주차해 놓은 차를 보았다.

"누가 여기에 이렇게 주차를 했어? 자기만 편하자고 다른 사람한테 피해를 끼치면 안돼지. 주차 한 사람이 누군지 얼굴 한 번 보고 싶다. 그리고 한마디 해주고 싶다. 좋은 차를 끌고 다니면 주차 예의도 좋아야 되는 거 아니니?"

"그러게요. 여기에 주차를 하면 어떻게 해."

동료도 얼굴을 잔뜩 찡그린다.

"영숙이 말이야. 맨날 지각이야. 오늘은 10시가 다 되어서 출근했잖아. 봤어? 누구 하나 늦게 출근하면 우리가 그만큼 전화를 많이 받아야 하잖아. 짜증나! 매일 늦는 거 우리한테 미안하지도 않나 봐. 너무 뻔뻔해."

부정적인 대화를 하면 속이 풀리기도 했다. 우리 부서만 힘들고 다른 사람들은 편해 보였다. 이런 마음으로 사람들을 대하니 사람들은 이유도 모른 채 나의 차가운 시선과 말투를 받아야 했다.

비뚤어진 시선으로 사람을 보는 마음은 내 아이를 키우면서 덩어리져 나왔다. 하원 시간이 되어 큰 아이의 어린이집 차를 기다리고 있었다. 어린이집 차가 도착하고 선생님이 먼저 내렸고 벼리 손을 잡고 내려주었다. 선생님이 나를 보고 말했다.

"어머니. 오늘 벼리가 친구하고 놀다가 얼굴을 긁혔어요. 죄송해요.”

　미안한 얼굴로 말하는 선생님의 이야기를 들으면서 아이의 얼굴을 유심히 살폈다.

　“… 그러네요. 심하지는 않네요.”

　나는 ‘심하지는’이라고 단서를 붙여 말했지만 사실 내 마음은 괜찮지 않았다. 그렇다고 우리 애가 얼굴을 긁히는 동안 선생님은 무엇을 했는지 물을 수도 없었다.

　“벼리야, 누구 하고 놀았어?”

　“응. 슬기하고 인형 업고 엄마 놀이 했어. 근데 갑자기 성준이가 비행기 날린다고 우리 쪽으로 왔어. 내가 저리 가라고 했는데 안 가는 거야. 그러다가 성준이가 내 얼굴을 긁었어.”

　“그래? 선생님은 뭐하고 있었어?”

　“선생님? 몰라요.”

　“벼리 얼굴 긁혀서 울었니? 선생님이 약은 발라줬어?”

　“조금 울었어. 선생님이 약 발라주셨어.”

　“친구는 선생님한테 혼났니?”

　“응.”

　“벼리 얼굴을 긁혀서 벼리가 성준이 때렸니?”

　“아니.”

　성준이가 선생님께 혼났다는 말을 들으니 가슴 한구석이 시원했다. 그리고 이어서 이런 마음들이 올라왔다.

　‘애들이 말다툼을 할 때 선생님은 뭘 하고 있었던 거지? 애한테 관심은 있는 거야? 애들 놀 때 잘 봐달라고 한 마디 해야 하나? 아니야. 그러다가 우리 애가 선생님한테 미움 받으면 안 되지. 그래도 이번 일을 그냥 넘어가면 안 되는데, 어떻게 해야 하지?'

얼굴을 긁혀서 벼리가 얼마나 속이 상했는지 아이 마음을 읽어주지 못했다. 선생님이 의무를 다했나부터 점검했다. '잘못하기만 해봐. 내가 가만 안둘 거야. 내가 두 눈 똑바로 뜨고 보고 있다고 일침을 놓을 거야. 나를 무시하지 말라고.' 하면서 말이다.

아이를 보여 드려요

큰 아이가 첫돌 즈음의 일이다. 살고 있던 임대아파트가 분양된다는 소식이 들렸다. 현재 살고 있는 집을 분양 받거나 이사를 나가거나 선택해야 했다. 나는 12평의 작은 집을 사고 싶지는 않았다. 20평으로 옮기고 싶었지만 선택의 여지가 없다. 쫓겨나기 전에 이사를 가야 했다. 한여름 뜨거운 햇빛을 맞으며 유모차를 끌고 이사 갈 집을 보러 다녔다. 근처 다른 아파트로 이사했다. 평수를 늘려서 이사를 하다 보니 대출을 받았다. 대출금을 갚기 위해 나도 일을 해야 한다는 생각이 제일 먼저 들었다.

일을 하려면 아이를 맡겨야 하는데 2005년에는 막 첫돌 지난 어린 아이를 맡아주는 어린이집이 없었다. 할 수 없이 아이를 친정엄마에게 맡겼다. 주말이면 아이를 만나러 2시간을 달려갔다. 아이는 나를 보고 달려와 안기지 않았다. 어색해서 얼굴을 돌렸다. 그 모습이 안타까워 아이를 안아주었다. 같이 잠을 자고 다음날은 아이를 떼어놓고 집으로 가야했다.

그러던 중 엄마가 이렇게 말씀하셨다.

"벼리를 데리고 연수동에 볼 일이 있어서 갔는데, 네 아빠를 만났어. 벼리를 보고 누구냐고 물어서 주미 딸이라고 했지."

아버지의 모습이 번뜩 스쳐 지나갔다. 결혼문제로 아버지와 갈등을 겪은 후 찾아가지 않았다. 벌써 3년이 다 되어간다. 아버지하고 살 때는 아버지에게 엄마 이야기를 하지 않았다. 엄마하고 살면서는 아버지 이야기를 하지 않았다.

친정 엄마가 4개월 정도 아이를 봐주셨다. 생후 18개월쯤 벼리를 봐주겠다는 어린이집이 있어서 집으로 데리고 왔다. 아침에 집을 나와 남편의 차에 탔다. 제일 먼저 벼리를 어린이집에 내려주고 남편과 시내로 출근했다. 아직 어린 아이를 품에서 떼어놓는 것이 미안했다. 벼리는 처음 며칠은 나와 떨어질 때 울음을 터트렸다. 일주일쯤 지나니 어린이집 근처에 도착하면 울음을 터트렸다. 어린이집에 가면 엄마와 헤어져야 한다는 것을 아는 것이다. 아침부터 아이가 우니 갈등이 생겼다. 우는 애를 떼어놓고 직장을 다니는 것이 맞는 걸까? 가난이 싫어서 돈을 벌러 나갔지만 아이에게 미안해서 눈물이 났다.

그렇게 몇 년이 흘렀고 둘째가 태어났다. 하루는 남편이 나에게 말했다.

“여보, 아이들이 둘이나 태어났으니 이제 아버님을 찾아뵈어야
되지 않을까요?”

“아버지를요?”

“아이들이 점점 크는데, 외할아버지가 계신다는 것을 알려줘야
지요. 나는 어머니가 일찍 돌아가셔서 뵐 수가 없잖아요. 살아계실
때 자주 찾아뵈어야 해요. 돌아가시면 정말 마음이 아파요. 당신이
장인어른과 왕래를 안 하고 지내는 것이 너무 안타까워요. 어르신
들은 손주한테 무척 약해요. 벼리와 달이를 앞세우고 한 번 뵈러가
요. 아이들이 있는데 설마 큰 소리 내시겠어요?”

“……”

남편 말이 맞다. 하지만 선뜻 가겠다는 마음이 들지 않았다.

결혼식을 준비하며 엄마의 참석 문제로 마찰을 빚었던 일이 생각
났다. 서울 작은 어머니가 하신 말씀이 스쳐지나갔다.

“주미야. 네가 근무라도 그렇지 결혼이라는 큰일을 앞두고 명절
에 안 오면 어떻게 하니? 다른 사람하고 바꿔서라도 와야지”

집안의 첫 결혼식이었다. 명절에 모이면 내 결혼식 이야기가 나
올 것이 뻔했다. 분명 엄마가 참석했으면 좋겠다는 나의 의사에 반
대를 할 것이다. 생각만 해도 머리가 아프다. 명절에 가지 않았다.
그리고 연이어 떠오르는 말.

“주미야, 네가 첫째니까 첫 테이프를 잘 끊어야 한다.”

숨이 막혔던 과거의 감정과 지금의 감정이 올라와 숨통을 조여왔

다. 깊은 바다에 빠진 듯이 두려움과 숨을 잘 쉬지 못하는 압박감이
또 다시 몰려왔다.

전화기를 한참 내려다 보았다. 손으로 만지작거리고 열었다 닫았
다. 다시 열고 전화번호를 검색했다. 한참 바라보다가 그냥 닫았다.
통화 버튼만 누르면 되는데 용기가 나지 않는다.

'전화 받으면 뭐라고 하지? 화를 내면 어쩌지.'

핸드폰을 쥔 손에서 땀이 난다. 심호흡을 하고 마음을 가라앉혔
다. 핸드폰을 열고 버튼을 눌렀다.

"여보세요?"

"저 … 예요."

전화기인데 마치 얼굴을 보고 대화하는 듯 어색하다. 마치 수도
꼭지를 틀어 놓은 듯 눈물이 줄줄 흘렀다.

"… 어? … 어. 그래. 주미니?"

"… 네."

어색한 침묵이 흘렀다. 아버지는 아무 일도 없었다는 듯 전화를
받으셨다. 코끝이 찡해온다.

"잘 지내셨어요? 한번 찾아뵈려고요."

목소리가 떨린다. 눈물이 줄줄 흘러내렸다. 아버지 집에 방문하
기로 하고 전화를 끊었다. '그동안 어떻게 지내셨을까? 무슨 돈으로
집은 어떻게 구하셨을까?' 전화를 끊고 한동안 멍하니 앉아 있었다.

아버지를 뵈러 가는 날이다. 남편은 신혼여행이라도 가는 듯이

행복해 했다. 지난번 전화통화 때 아버지의 목소리와 반응이 차분해 안심이 되었다. 벼리는 걷고 달이는 안고 아버지 집에 들어갔다. 아버지는 아이들을 보고 꽃처럼 활짝 피어났다. 반갑게 맞아주셨다. 우선 아버지께 큰절을 했다. 아버지 눈을 똑바로 쳐다볼 수 없었다. 내 마음대로 결혼식을 한 것에 대한 죄송한 마음과 아버지와 지냈던 시간들이 영화처럼 지나갔다.

'아버지, 우리 삶이 어찌 이리 아픈가요?'

아버지는 작은집 식구들이 내 결혼식에 참석하지 못했으니 다 같이 만나자고 했다. 주말에 펜션을 빌려 서울 작은집, 제천 작은집 식구들과 우리 식구들이 모였다. 작은 아버지와 어머니께 죄송한 마음이 들었다. 결혼할 사람을 데리고 인사도 가지 못했다. 할 도리를 다하지 못했다는 무거운 마음으로 약속 장소로 향했다. 펜션 올라가는 길은 언덕이었다. 구불거리는 길을 올라가는데 제천 작은 아버지가 보였다. 나는 달이를 안고 있어서 차에서 내리지 못하고 인사를 드렸다.

"안녕하세요." 창문을 내리고 어색하게 인사를 드렸다.

'지금 작은 아버지는 어떤 감정이실까?'

"어? 그래."

미소를 지으며 반갑게 맞아 주신다. 주차장에 차를 세우고 우리 가족 네 명이 내렸다. 작은 아버지가 차있는 곳으로 오셨다. 오랜만에 뵙는다.

"작은 아버지, 죄송합니다."

"네 잘못이 아니야. 어른들이 잘못한 거지."

내 잘못이 아니라는 한마디에 눈물이 주르륵 흘렀다.

아버지는 내가 어린 아이를 데리고 먼길 온다며 음식 준비를 하셨다. 삼계탕을 끓이고 반찬 몇 가지를 사오셨다.

벼리와 달이가 우리 집안에 처음으로 태어난 아이들이다. 아직 나 외에 아무도 결혼을 하지 않았다. 작은 아버지와 어머니 네 분은 벼리와 달이를 보며 가슴 벅차하셨다. 아이들을 바라보는 눈길에 사랑이 가득하다.

"벼리는 먹는 거 뭘 좋아해?"

"딸기요. 그리고 책 읽는 것도 좋아해요. 집에 책이 엄청 많아요."

'엄청'이라고 말하면서 두 손으로 커다란 동그라미를 그린다. 벼리에게 질문을 하고 대답을 들으며 감탄사를 연발하셨다. 달이는 엉금엉금 기어 다녔다. 작은 아버지 내외분들은 맞은편에 앉아서 손뼉을 치며 "달이야, 이리 와" 했다. 달이가 엉금엉금 기어오면 번쩍 들어 올려 안아 주셨다. 그리고는 엉덩이를 토닥거리며 좋아하셨다. 낯을 가리지 않아 다행이었다.

"어유. 우리 달이 왔어. 잘 생겼네. 잘 생겼어."

가족들 얼굴에 웃음꽃이 피었다. 집안에 첫 아이라 모두들 신기하고 기특해 했다.

'내가 첫째라 첫 아이를 낳아서 우리 아이들이 사랑을 많이 받는

구나! 첫째라서 좋은 경험은 이번이 처음이야. 첫째라서 좋은 경험.'

누구도 그날의 결혼식을 어떻게 치렀는지에 대한 이야기는 하지 않았다. 마음 표현이 서투르다. 첫 만남 이후 얼마의 시간이 흐르고 택배가 도착했다. 작은 어머니 두 분이 벼리 옷을 보내주셨다.

"벼리랑 헤어진 후에 벼리 얼굴이 생각났어. 쌍꺼풀이 지고 입술은 앵두 같고 말도 잘하고 어쩜 그렇게도 예쁘니? 돌잔치에 우리가 가보지도 못했잖아. 그래서 옷을 꼭 사주고 싶었어."

감사한 마음에 울컥하고 눈물이 솟았다. 벼리는 나풀거리는 예쁜 원피스 몇 벌을 한꺼번에 선물 받았다.

성경 한번 읽어봐요

첫 아이를 낳고 백일이 지나자 외출이 가능해졌다. 외출하고 사람들과 만나면서 자연스레 우울한 마음도 줄어들었다. 유모차를 끌고 놀이터로 나가는 것이 삶에 유일한 재미였다. 우리 아이와 비슷한 아이를 만나면 자연스럽게 호기심이 발동했다. 나도 모르게 얼굴에 미소가 번졌다.

"안녕하세요. 아기 몇 개월이에요? 예쁜 옷 입고 나왔네."

"뒤집어요? 몇 개월에 뒤집었어요?"

마치 아기 친구가 내 친구인 듯 친근감 있게 질문을 주고 받았다. 놀이터에서 만났던 엄마들을 단지 안에 마트에서 우연히 만났다. 낯익은 얼굴들이 생기고 있었다.

"몇 동 사세요? 차 마시러 와요."

나는 사람들을 집에 초대해서 차를 마시고 이야기 나누기를 좋아했다. 아기 엄마 두 명이 우리 집에 왔다. 아기를 내려놓고 각자 자신의 무릎 위에 앉혔다. 돌아다니면서 무엇을 주워 먹을지 모르기 때문에 잘 안고 있어야 했다.

"친정이 어디예요?"

"충주요. 충청북도지요."

"머네요. 여기 아는 사람 별로 없겠네요. 샘물교회 나와요. 우리 둘 다 그 교회 다녀요."

차 마시러 오라고 했더니 전도하러 왔구나! 순간 나도 모르게 얼굴이 찡그려진다. 내가 말했다.

"그 교회 젊은 엄마들 무척 많네요. 더운 날 애기 업고 전도 다니는데 별로 좋아 보이지 않아요."

내가 살고 있는 아파트에서 먼 외곽에 있는 교회인데, 이상할 정도로 젊은 아기엄마들이 많았다. 전도하면 돈이라도 주는 건지 믿음이 없던 나에게 그들은 이상한 집단처럼 보였다. 교회 나오라고 말했을 뿐인데 그 말을 들은 후부터 마음이 불편했다.

"저희 집에 오는 것은 좋은데, 교회 이야기는 안했으면 좋겠어요."

다른 사람에게 싫은 소리 못하는 내가 이렇게 말했다.

전보다 넓은 집으로 이사하고 둘째를 낳았다. 큰 아이가 있어서인지 둘째는 감기가 빨리 왔다. 생후 두 달도 되지 않아 병원을 찾

있다. 진료를 받고 1층 약국에 들러 약을 받아서 나오는데 약국 앞
에 할머니 한 분이 자전거를 내려다 보며 뭐라고 얘기를 하셨다.

"제가 좀 도와 드릴까요?"

고개를 푹 숙이고 자전거를 내려다보며 무언가 하던 할머니가 나
를 쳐다본다.

"자전거 열쇠가 잘 안 풀렸는데 됐어요. 고마워요."

그 말을 듣고 뒤돌아 가려는데 한 마디 하신다.

"애기 엄마. 행복 교회 나와요."

그 말을 듣고 다시 한 번 할머니의 얼굴을 쳐다보았다.

"…… 네."

영혼 없는 대답을 하고 뒤돌아섰다.

둘째가 첫돌이 될 즈음 아파트 등나무 아래에서 한 발을 떼고 있
었다. 달이는 두 손을 들고 입을 벌리고 생글생글 웃고 있다. 벌린
입에서 침이 줄줄 떨어진다. 나는 잔뜩 기대에 찬 표정과 눈빛으로
달이 앞에 앉아있다. 박수를 치며 잔뜩 기대에 부풀어 있다.

"달이야. 여기야 ! 이리와. 그렇지! 잘 한다. 걸었다. 걸었어."

기쁜 나머지 나도 모르게 환호성을 질렀다. 달이는 한 발 두 발
떼고는 털썩 주저앉는다. 달려가 아이를 번쩍 안고는 볼에 뽀뽀를
했다.

"걸었다. 걸었어. 잘했어."

어찌나 크게 소리를 질렀는지 걸었다는 내 목소리가 아파트에 메

아리로 울려 퍼져 나에게 돌아왔다.

"어머, 창피해라." 얼굴이 빨개졌다.

6월의 좋은 날씨에 달이가 하루하루 성장하는 모습을 보며 행복한 시간을 보냈다. 같은 아파트에 아이 셋을 키우는 언니가 있었다. 막내가 우리 둘째와 비슷하기에 친근감이 들었다. 어느 날부터인가 언니가 셋째 아이를 업고 전도를 다니기 시작했다. '셋째가 어린데 애를 업고 전도 다니네, 내 아이를 잘 보는 것이 더 중요하지 않나?' 하는 생각이 들었다. 언니가 양산을 쓰고 전도를 다니다 나에게 다가왔다.

"안녕하세요. 달이 이제 걸어요?"

"네, 몇 발작 떼었어요."

"어머, 그렇구나! 축하해요."

해바라기 꽃처럼 언니의 얼굴과 목소리가 활짝 피었다.

"달이 엄마는 무엇을 좋아해요?"

"아이들이 어려서 좋아하는 것을 많이 할 수 없지만, 책 읽는 거 좋아해요."

"그래요? 책 읽는 거 좋아하면 성경 읽어보면 좋겠다. 성경은 베스트셀러를 넘어서 스테디셀러예요. 성경 한 번 읽어봐요."

"아! 성경이 스테디셀러군요. 한 번 읽어 봐야겠네요."

"성경책 빌려줄까요?"

"집에 초록색 성경이 있는 것 같아요."

집에 와서 성경책을 펼쳤다. 처음부터 읽다가 창세기 1장 6절 말씀에서 멈추었다.

하나님이 이르시되 물 가운데 궁창이 있어 물과 물로 나뉘라 하시고

'궁창'이 무슨 뜻이지? 국어사전 찾아보았다. '높고 푸른 하늘'이
라는 뜻이다. '그렇다면 하나님이 말씀하시니 물 가운데 높고 푸른
하늘이 있어 물과 물로 나누어져라 하시고'라는 뜻인가? 물 가운데
높고 푸른 하늘은 뭐지? 물과 물로 나누는 건 또 뭐야? 무슨 뜻인지
이해가 안가네. 우선 다음으로 넘어가보자.

하나님이 궁창을 하늘이라 부르시니라 저녁이 되고 아침이 되니 이는
둘째 날이니라   – 창세기 1:8

여기까지 읽으니 '궁창'은 하늘을 뜻하는 것이 맞다. 읽어 내려가
면서 '안식'처럼 문맥상 의미 파악이 되는 단어도 있고 '생령', '긍휼'
처럼 전혀 모르는 단어도 있었다. 게다가 창세기 5장엔 더욱 이해하
기 어려운 내용이 가득했다.

아담은 셋을 낳은 후 팔백 년을 지내며 자녀들을 낳았으며 그는 구백삼
십 세를 살고 죽었더라
셋은 백오 세에 에노스를 낳았고 에노스를 낳은 후 팔백칠 년을 지내며
자녀들을 낳았으며   – 창세기 5:4-7

‘수명이 팔백 살? 하나님 믿는 사람들은 이렇게 오래 사는 건가? 그 시대에 평균 수명은 몇 세지? 요즘은 백세 사는 사람도 드문데 성경에 누가 몇 살까지 살았는지 왜 나오는 거야?’ 온통 알 수 없는 말들만 가득했다. 이해가 가지 않아서 읽다가 덮었다. 며칠이 지나고 언니를 만났다.

“언니, 창세기를 읽었는데요. 궁창이니 생령이니 궁휼이니 도대체 모르는 단어가 가득했어요. 일일이 국어사전 찾아서 읽기도 어렵구요.”

“창세기는 그럴 거예요. 일반인들이 읽기 어렵지요. 이해도 안가고요. 잠언을 읽어봐요.”

“잠언이요. 알겠어요.”

잠언도 ‘명철’, ‘지략’, ‘경외’, ‘스올’, ‘책망’ 등 뜻을 알 수 없는 단어들이 많았다. ‘어려운 단어들이 너무 많다. 일일이 사전을 찾아서 읽을 수도 없고, 성경이 이렇게 어려운 건가? 내가 그 동안 책을 많이 안 읽어서 이해가 안 가는 건가? 알 수가 없네.’ 며칠 후 언니를 또 만났다.

“언니, 잠언은 명언 같은 느낌이에요. 그리고 명철, 스올 등 모르는 단어가 많기는 마찬가지예요.”

언니는 내 말을 듣고 입을 크게 벌리고 소리를 내며 화통하게 웃었다. 그 모습이 밉지 않았다.

“내 말을 듣고 창세기도 읽고 잠언도 읽고, 주미 씨 대단하네요.

그래서 교회 나가는 거예요. 설교 시간에 성경 말씀 중에서 이해하기 어려운 부분을 목사님께서 쉽게 풀어서 알려주시거든요. 그 말씀이 앞뒤 문맥상 어떤 이야기와 연결되는지, 어떤 의미인지 알려주시죠.”

“그래요? 명성교회라고 하셨죠? 엄마들하고 이야기를 하다 보니 성탄절에 갔던 교회더라고요. 아는 엄마 따라서 갔었어요. 그럼 이번 일요일에 가봐야겠어요.”

나는 이렇게 교회에 나가게 되었다. 벼리와 같은 어린이집을 다니는 성연이 엄마가 섬기는 교회였다. 친한 사람이 있어서 교회에 가는 것이 수월했다.

교회에 가보겠다고 하니 남편이 말리지 않았다. 남편이 근무하는 회사 근처에 식당을 하시는 권사님이 계셨다. 남편은 그분 따라 교회를 몇 번 갔었고 그 교회에서 세례도 받았다. 그때는 남편이 예배 가는 것을 막지는 않았으나 함께 가지는 않았다.

신발을 벗고 조립식으로 만든 허름한 예배실에 들어갔다. 정면에 십자가가 있고 의자들이 길게 늘어서 있었다. 오른쪽에 주방이 있고 주방 옆에 바로 화장실이 있었다. 성가대 옆이 바로 화장실인데 암모니아 냄새가 나서 불쾌했다. 좁은 공간에 사람들이 가득찬 열악한 환경이었다.

다섯 살 벼리와 첫돌이 되지 않은 달이를 데리고 간 예배는 말씀이 귀에 잘 들어오지 않았다. 큰 아이는 지루해하고 업고 있는 작은 아이가 깨서 시끄럽게 할까봐 걱정이 되었다. 예배가 끝나고 사람들이 일제히 일어나 긴 의자를 한쪽에 쌓기 시작했다. 어떤 상황인지 이해가 가지 않아 성연이 엄마 옆으로 갔다. 곧 의자가 나가고 기다란 상이 들어오더니 음식이 차려졌다. 성연 엄마는 내가 처음 왔다면서 목사님과 사모님 옆에 앉아서 식사를 하라고 했다. 낯선 환경에 어리둥절해 하며 점심을 먹었다.

밥을 다 먹고 주위를 둘러보니 전에 약국 앞에서 '행복 교회에 나와요.' 했던 분이 계셨다. 같은 아파트 사는 언니에게 물었다.

"저 어르신이 시내 약국 앞에서 저에게 교회 나오라고 했던 분이에요."

"그래? 어머. 인연인가 봐요. 우리 교회 원로목사 사모님이세요."

"원로목사 사모님이 뭐예요?"

"우리 목사님 친어머님이세요."

"아. 그래요?"

도와 달라고 말하지 못하는 성격

벼리와 달이가 어릴 때 놀이터에서 수다를 떨며 동네 엄마들과 친해졌다. 그 엄마들 중에 아이를 데리고 어린이집 일을 다니는 엄마가 있었다. 내 아이를 데리고 4시간에서 6시간 정도 일을 하고 왔다. 결혼 전에 어린이집 선생님 경력이 있다고 했다.

"애를 데리고 다니면서 돈도 버는 거야? 정말 좋은 아르바이트다."

보육교사 자격증을 따야겠다는 생각이 들었다. 자격증 취득 방법을 알아보던 중에 보육교사와 사회복지사를 취득할 수 있는 2년 대학과정이 있음을 알게 되었다.

"주말부부로 다섯 살과 두 살 어린 아이를 키우면서 공부할 수 있을까?"

"언니, 이왕 공부하는 거 시작이 어렵지 시작하면 금방이야. 도

전해 봐요.”

　아는 동생이 격려해 주었다. 내게는 학력에 대한 열등감이 항상 눈 뜨고 있었다. 놀이터에서 엄마들과 대화를 나누다 누가 “결혼 전에 어린이집 선생님이었어요.”라고 하면 자동적으로 ‘어린이집 선생님이면 적어도 전문대 졸업이겠네. 난 고졸인데 학력을 물어보면 어쩌지? 창피하다.’ 생각하며 고개를 숙였다. 나는 이런 결핍을 해소하기 위해, 아니 결핍으로 인한 열등감을 없애기 위해 공부를 시작했다. 언제까지 이렇게 학력을 초라하게 여기며 살 수는 없었다.

　공부하면서 어린이집 일을 시작했다. 아이 둘을 데리고 어린이집으로 출근하고 함께 퇴근했다. 24개월 전후의 아이들이 생활하는 어린이집이었다. 아침에 울면서 엄마와 떨어지는 아이들이 있었다. 아이를 안아서 달래주었다. 계속 울면 업고 일을 했다.

　기저귀를 갈아주고 이유식을 먹이고 놀아주는 일이 주를 이루었다. 낯을 많이 가리는 아이는 내가 어린이 집에 들어서자마자 손을 내저으며 큰소리로 울음을 터트렸다. 예쁘다고 안아주고 얼굴을 마주치며 웃어주기도 했지만 언제부터인가 가슴이 답답했다. 함께 일하는 선생님께 여쭤보니 그 선생님도 역시 퇴근하면 가슴이 답답하다고 했다. 아이들 우는 소리에 에너지가 소진되는 것이다. 우는 아이를 보며 같이 울었던 적도 있다. 일을 하면서 나도 모르게 주먹으로 가슴을 쳤다.

　어린이집에 근무하는 1년 동안 네 명의 선생님이 그만두었다. 하

루에 4시간만 근무하기로 하고 일을 시작했지만 선생님들이 그만
두자 8시간씩 일을 하게 되었다. 원장님은 아파트 관리동에 있는 어
린이집까지 2개를 운영하느라 바빴다. 선생님을 구하지 못해서 혼
자 일을 할 때도 있었다. 도와달라고 이야기하지 못하는 성격 탓에
힘들어도 혼자 묵묵히 일했다. 혼자 일하는 시간이 길어지면서 책
임감과 부담감이 커졌다.

　아이를 어린이집에 맡기고 바로 출근하는 엄마가 있었다. 아이
의 엄마는 아침마다 아이를 맡기면서 작은 도시락을 내밀었다. 아
이에게 아침을 먹여달라고 부탁하는 것이다. 어린 아이 둘을 챙기
고 출근하려니 얼마나 바쁠까 하는 측은한 마음이 들어 그러겠다고
했다. 아이를 앞에 앉혀 놓고 수저로 밥을 떠서 먹였다. 원장님이
이 모습을 보시더니

　"선생님, 사랑이 오늘도 어린이집에서 아침 먹나요? 아침 못 먹
이고 오는 엄마의 마음은 이해하지만, 아침은 집에서 먹고 와야 해
요. 등원하는 아이들 모두 어린이집에서 아침을 먹이다 보면 수업
이 안돼요. 어머니께 말씀 드리세요."

　'원장님 말씀은 맞는데, 어머니께 어떻게 그런 말을 하지? 난 못
해. 그런 미안한 이야기를 어떻게 직접 할 수 있어?'

　원장님에게는 알았다고 대답을 해놓고 아이 엄마에게는 말하지
못했다. 말하면 안될 것 같았다.

　'어머니는 갑이고 나는 을인데 어떻게 그런 말을 할 수 있어? 못

해. 난 못해.’

보다 못한 원장님이 직접 어머니께 말씀드렸다.

“원장님, 하은이가 문에 손가락이 끼어서 다쳤어요.”

원장님은 이야기를 듣고는 어이없는 표정으로 나를 쳐다본다. 일부러 하은이를 다치게 한 것도 아닌데 이틀에 한번 꼴로 다쳤다. 며칠 전에는 친구와 다투어서 다른 아이가 하은이 손가락을 깨물었다. 어제는 어린이집에서 혼자 기분 좋아 뛰다가 넘어져서 얼굴에 멍이 들었다. 그리고 오늘 또 손가락을 다쳤다. 나를 쳐다보는 원장님의 눈길이 불편하다. 내가 일부러 그런 것도 아닌데 ‘애를 어떻게 본 건가요? 왜 자꾸 다쳐요?’ 하는 원망의 눈빛에 불편함이 올라왔다.

어디 쥐구멍이 있으면 들어가 숨어버리고 싶었다. 자꾸 다치니 미안했다가 혼자 일하는 내 상황을 몰라주는 것 같아 분노가 끓어올랐다. 하은이 어머니에게 아이 다친 것을 어떻게 말을 해야 할지 벌써부터 두려움이 밀려왔다. 어린 아이를 돌보는 일은 열 번을 잘해도 한 번의 다침이 커다란 문제가 되기도 한다. 더욱 그럴 것이 나는 자존감이 낮고 말주변이 없었고 하은이 어머니는 예민한 사람이었다. 첫 아이를 어린이집에 보낸 나처럼 말이다.

‘나도 하은이 어머님처럼 예민한 학부모였을까?’

내 감정을 다스리지 못하고 종일 두려움과 불안감에 떨었다. 아이가 다치니 마치 내가 죄인이 된 듯한 기분이었다.

너라면 할 수 있어

어린이집에 근무할수록 숨통을 조여오는 듯한 느낌은 커져 갔다.
'어린 아기들을 돌보는 이곳은 직장이라기보다는 집안일의 연장인 듯하다. 답답함이 밀려왔다. 다른 방법을 찾아야 했다. 이 일을 계속 할 것인가?'

내 마음을 가만히 들여다 보았다. 일이 왜 이렇게 힘들까? 오랜 생각 끝에 '나는 교육자지 보육자는 아니다' 라는 결론을 내렸다.

큰 아이가 일곱 살 되던 해에 어린이집을 그만두었다. 아이를 병설유치원에 보냈다. 오전에는 교육과정 선생님이 아이들과 수업을 했다. 점심을 먹은 뒤에는 방과 후 선생님이 수업을 했다. 방과 후 선생님은 1시부터 5시까지 수업을 하는데, 주부가 하기에 딱이었다. 오후 4시간은 근무를 하고 오전에는 하고 싶은 것을 마음껏 할 수 있으니 말이다.

　나는 행복한 20대를 보내지 못하고 결혼했기 때문에 보상 받고 싶었다. 하루 8시간씩 일을 한다면 내 인생이 불행할 것 같았다. ‘더 늦기 전에 일을 하면서 하고 싶은 것을 마음껏 해보자.’ 학창 시절엔 공부하지 말라는 부모님 때문에 공부에 대한 결핍감이 생겼다. 그 이유 때문인지 공부하는 게 즐거웠다. 나는 유치원 방과 후 교사가 되리라 다짐했다.

　막상 편입을 하려고 보니 큰 아이가 초등학교에 입학을 해야 했다. 남편은 에티오피아에서 근무하고 있었다. 1학년은 몇 시에 끝나는지도 몰랐다. 내가 어릴 때 학교 끝나고 집에 오면 엄마가 안 계신 적이 많았다. 아버지의 교통사고로 3년동안 병원에 있었기 때문일 것이다. 나는 내 아이가 집에 오면 반갑게 맞아주고 싶었다. 그 해에는 일도 학업도 쉬었다.

　큰 아이가 2학년이 될 무렵 편입을 생각했지만 상황은 앞뒤로 꽉 막혀 있었다. 남편은 여전히 해외 근무 중이었고, 6개월에 한 번씩 휴가를 나왔다. 여덟 살과 다섯 살 아이들을 혼자 키웠다. 시댁은 아버님만 계시고 친정 부모님은 이혼하셨고 멀리 사셨다. 어느 누구도 나를 도와줄 사람이 없다. 혼자 할 수 있을까?

　섬기는 교회에 황현숙 사모님께 상황을 말씀드렸다.
　“방송통신대 유아교육과 어렵지 어려워! 하지만 주미야, 너라면 할 수 있어!"

이 말을 듣는 순간 가슴에서 강하고 따스한 에너지가 '쑥'하고 들어왔다. 나를 믿어주는 한 사람. 나에게 '너라면 할 수 있다'고 말해주는 사모님의 한 마디에 용기를 얻었다. 평점 4.0이 되어도 편입하기 어렵다는 방송대 유아교육과에 원서를 넣었다. 혹시 떨어질까 두려워 남편 외에는 아무에게도 말을 하지 않았다. 그리고 합격 통지서를 받았다.

'주님 감사합니다. 드디어 제가 유아교육과에 입학하게 되었습니다.'

설렘을 가득 담은 학과 책이 택배로 도착했다. 공부를 한다는 설렘과 졸업하기 어렵다는 방송대 공부를 잘 할 수 있을 것인가 하는 기대가 교차했다. 아는 동생에게 편입했다고 말했다.

"나 정교사 자격증이 없어서 2학년 편입이야. 3년 열심히 공부해서 졸업해야지."

"언니, 3년 만에 졸업할 수 있을 것 같아? 방송대 졸업 무척 어렵데, 5년은 잡아야지!"

"어머, 그러니?"

아이들이 학교와 유치원에 가고 나면 본격적으로 공부했다. 온라인 강의를 듣고 책을 보고 외우고 중요한 부분은 손으로 메모했다. 방송대에 담임선생님 같은 튜터 선생님이 있어서 많은 도움이 되었다. 공부 잘하는 노하우로 내 손으로 직접 써서 요점 정리를 해

보라고 알려주셨다.

언젠가 담임 목사님께서 하신 말씀이 생각났다.

"사람들이 왜 실패하는가? 그것은 바로 하라는 대로 하지 않고 자기 마음대로 하기 때문이다."

나는 목사님의 말씀을 가슴에 담고 튜터 선생님이 하라는 대로 했다. 과연 과목별로 만든 요점 정리노트는 머리로 인식하고 손으로 한 번 더 적으니 기억에 오래 남았다. 내가 잘 모르는 것들만 되짚어 공부할 때 큰 도움이 되었다.

한 학기에 3일씩 출석 수업이 있다. 아침 9시부터 오후 6시까지 학교에 가서 수업을 들어야 했다. 내가 사는 곳에서 청주지역 대학까지는 1시간 남짓 걸렸다. 아침, 저녁으로 오갈 수 있는 거리지만 아이들이 문제였다. 유아교육과는 4시간은 수업을 듣고 4시간은 조별 발표를 해야 했다. 밤늦게까지 조별 과제를 해야 하는데 초등 2학년, 여섯 살 아이들을 봐줄 사람이 없는 게 문제였다. '어떻게 해야 하지? 나를 도와 줄 사람이 아무도 없구나!' 서러움에 눈물이 났다. 그래도 어떻게든 해결해야 했다.

우선 초등학생 딸의 학교에 '엄마 출석수업, 엄마 학교 방문하기'라고 적어 체험학습 신청서를 냈다. 출석 수업에 가기 위해 짐을 싸기 시작했다. 아침을 먹어야 하니 챙길 짐이 많았다. 우선 밥솥과 쌀, 멸치볶음과 김치 그리고 김을 챙겼다. 간단한 식기류와 설거지 용품, 커다란 물통 등을 챙기니 한 박스가 되었다. 아이들과 내 속옷과 겉옷 그리고 세면도구 등도 라면 한 박스 정도가 됐다. 내가 수업을 듣는 동안 딸이 읽을 책과 스케치북과 색연필 등도 필요했다. 유아실이 따로 있어서 아이들을 봐주기도 하겠지만 초등학생 딸까지 3일 내내 봐줄 것인지는 알 수 없었다.

차에 짐을 가득 실었다. SUV라 많은 짐을 실을 수 있어 다행이었다. 출석 수업 하루 전날 학교에 도착했다. 걸어서 학교를 오갈 수 있는 가까운 곳에 3일간 숙식할 곳을 찾아보았다. 학교 바로 앞에 고시원에 가보았다. 한 칸의 방에 침대와 두세 사람 정도 누울 수 있는 공간이 전부였다. 아이들이 이 좁은 공간에서 지낼 수는 없었다. 다른 곳으로 가보았다. 방에는 한 사람이 겨우 샤워할 수 있는 샤워실이 딸려 있었다. 간단한 주방시설이 되어 있어서 아침을 해먹을 수 있어 좋았다. 하지만 조용한 곳에 떠들고 싸우는 아이들을 데리고 잘 수는 없었다.

결국 나는 아이들이 마음껏 이야기하고 텔레비전을 볼 수 있는 모텔을 찾았다. 학교까지 차로 이동해야 하는 거리였다. 목요일부터 토요일까지 3일을 숙식하는데 십만 원에 해주신다고 해서 감사했다. 아이들을 먼저 방에 데려다 놓고 텔레비전을 틀어주었다. 혹시 성인용 채널이 나올까 염려되어 아이들에게 상황을 설명했다.

"이곳은 여행하는 사람들이 잠을 자는 모텔이라는 곳이야. 우리 집에는 텔레비전이 없지만 여기는 아주 커다란 텔레비전이 있지. 그리고 어린이들이 보면 안 되는 성인들을 위한 채널이 있어서 엄마가 조심스러워. 엄마가 짐을 내릴 동안 잠시 이 채널만 보고 있으면 좋겠어. 짐을 다 내리고 다른 채널 있나 보자!”

아이들은 내 말을 잘 이해했고 기다려 주었다. 아침에 일어나 화장실 개수대에서 쌀을 씻어 밥을 했다. 아이들을 깨우고 먹여 셋이 함께 학교로 갔다. 점심시간이 되니 다른 사람들은 같은 조원들끼리 혹은 옆자리 짝꿍과 함께 수다를 떨며 밥을 먹었다. 그 모습이 정말 여유 있어 보여 부러웠다. 나는 수업이 끝나면 후다닥 유아실로 가서 아이 둘을 데리고 점심을 먹어야 했다.

점심시간 1시간 동안 아이들과 먹기에 만만한 곳은 언제나 김밥집이다. “엄마 기다리느라 힘들었지?”라는 말보다 “빨리 먹어”라는 말이 먼저 나왔다. 아이들을 재촉했다. 밥을 먹으면서도 ‘오늘 과제를 하려면 밤 몇 시까지 해야 할까? 아이들이 안 싸우고 기다릴 수 있을까? 내일 아침에 8시 30분까지 학교에 가야 하는데, 아이들이 잘 일어날 수 있을까?’를 걱정했다.

첫날 수업이 끝나면 발표 수업 준비를 해야 했다. 저녁을 먹을 시간도 없이 조원들이 모두 한 사람의 집으로 모였다. 라면 끓여 먹어가면서 수업안을 짜고 레포트를 작성하는데 밤 12시가 넘었다. 벼리와 달이도 나와 같이 그 집에 있었다. 엄마가 끝나기만을 기다리다 지쳐 잠이 들었다. 잠든 아이들을 보니 발표 수업이 성적에 반영되는 것이고 조별 과제임을 뻔히 알면서도 조원들에게 서운한 마음이 들었다.

‘아이 둘을 데리고 수업하러 왔는데도 편의를 봐주지 않는구나!

나는 혼자야. 나 혼자 공부도 해야 하고 애들도 봐야 해. 예전에도 그랬고 지금도 마찬가지야. 힘들어 죽겠다. 서럽다.'

큰 아이를 깨우고 작은 아이를 등에 업고 나오며 또 눈물이 났다.

방송대는 출석수업 날짜를 미리 알아보고 출석수업 장소를 전국 어디든 선택할 수 있다. 다음 학기에는 대전으로 출석 수업을 갔다. 수진이가 숙소를 알아봐 주었다. 수진이는 대전에서 잠을 잔 다음 날 자신의 집으로 아침을 먹으러 오라고 했다. 집에서 먹는 따스한 아침밥에는 정성이 가득했다. 참으로 고마운 동생이다. 대전에 머무는 동안 수진이는 밤늦게까지 조별 과제를 하는 나를 위해서 벼리와 달이를 봐주기도 했다. 주님을 믿는 그 아이는 나에게 천사였다.

어디서 이렇게 예쁜 선생님이 오셨어

아이들이 학교와 유치원에 가고 나면 집을 청소하고 공부에 몰두했다. 모르는 것을 알아가는 즐거움과 몰입의 즐거움으로 시간 가는 줄 몰랐다. 사람마다 다르겠지만 나는 1~2시간 공부를 하고 나면 몸을 좀 움직여 주어야 했다. 설거지를 하든지 근처 호수를 걸었다. 자연을 눈으로 보고 몸으로 느끼며 한 시간 정도 걸으면 정말 행복했다. 그리고 집으로 돌아와 샤워를 하고 공부했다.

2학기 등록을 할 때였다. 홈페이지에 들어가 보니 내가 성적우수 장학생이었다. 그 어렵다는 방송대 그것도 가장 경쟁이 높고 열심히 공부한다는 유아교육과에 첫 학기 장학생이라니, 이런 가문의 영광이 또 있을까? '하면 되는구나!' 자신감이 생겼다. 해외 근무 중 휴가를 나온 남편에게 당당히 말했다.

“여보. 저 장학생이래요.”

“우와! 정말? 자기 대단하다. 당신이 자랑스러워. 그래서 학비는 얼마예요?”

“지난 학기에 책값이랑 학교 신문 값이랑 해서 60만 원 정도 냈던 것 같아요. 장학금 받았으니 반값 정도 되겠지?”

홈페이지에서 고지서를 보았다.

“여보. 이상해요. 장학금 받아도 여전히 60만원 내외예요.”

“그래요?”

남편이 옆으로 와서 고지서를 확인했다.

“하하. 수업료 면제 장학금이네요. 이만사천 원.”

“장학금이 이만사천 원이요?”

성적 순서대로 전액 장학금, 반액 장학금 그리고 마지막으로 수업료 면제 장학금이 있는데, 그중에서 수업료 면제 장학금이었던 것이다.

“그래도 그게 어디야. 여보. 잘했어요.”

남편과 마주보고 실컷 웃었다. 내 마음속 깊은 곳에서 외침이 들렸다. 사모님께서 해주셨던 말씀 ‘주미야, 너라면 할 수 있어!’

1년을 힘겹게 보내고 3학년이 되었다. 잠을 자는데 허리가 끊어질 듯 아팠다. 마치 누군가 허리 신경을 뜨거운 칼로 하나씩 자르는 것 같았다. 똑바로 눕는 건 불가능하고 옆으로 누워도 아프다. 고양이처럼 웅크리고 있는 자세가 제일 편했다. 다음날도 마찬가지였다. 첫 아이를 낳을 때의 허리 통증과 비슷했다. 뜬 눈으로 밤을 새우고 병원에 갔다.

척추전문 병원에서 MRI를 찍었다. 검사 결과 허리협착증이라고 했다. 허리뼈 사이가 좁아져서 신경을 누르는 것이다. 시술비가 170만 원이라고 했다.

한 달 정도 병원을 다니며 물리치료를 했다. 주위에 허리 시술이나 수술한 사람들에게 물어보니 일정기간 지나면 또 아프다고 했다. '당뇨병처럼 평생 관리를 해야 하는 병이구나'라는 생각이 들었다. 의자에 앉을 때는 허리 부분에 베개를 대고 허리와 어깨를 펴고 턱을 당겨서 바르게 앉았다. 병원에서 운동을 권했다. 매일 조금씩 등산을 했다. 평평한 길보다는 등산을 하는 것이 허리에 좋다고 했다. 설거지를 할 때는 한쪽 다리를 싱크대에 올리고 했다.

목 엑스레이 촬영 결과 허리디스크뿐만 아니라 목뼈가 거꾸로 C자였다. 일자목을 바로 잡기 위해 귀부터 턱을 지나 반대편 귀까지 하얀 마스크 같은 것을 둘렀다. 기계가 목을 올렸나 내렸다 하는 자극을 주었다. 허리에는 벨트 같은 것을 착용하고 이것 역시 허리를 당겼다가 풀었다가를 반복해서 치료했다. 일주일에 5일씩 꾸준히 치료를 다녔다. 허리디스크로 공부를 중단할 수 없었다. 치료를 받는 동안 머릿속으로는 공부한 것을 외웠다. 평생 공부 못한 한풀이를 하고 있었다.

첫 학기 수업료면제 장학금을 시작으로 3년 내내 전액 장학금과 반액 장학금을 골고루 탔다. B학점 이하 과목이 없이 3년 만에 졸업했다.

　3학년이 되면서는 출석수업 과목들을 조금씩 바꾸는 요령이 생겼다. 3일을 내내 학교에 가지 않고 두 과목만을 들으면 오전에만 수업을 듣고 집에 갈 수도 있었다.

　졸업식 날 온 가족이 서울행 기차를 탔다. 오후 졸업식에 가기 전에 남산타워로 향했다. 타워 구경하고 점심을 먹는데 전화가 왔다.

　"홍주미 선생님, ○○병설 유치원이예요."

　"네. 안녕하세요?"

　"이력서 내셨지요? 내일 면접 보러 오시겠어요?"

　"아, ○○병설 유치원이요? 근무하고 싶었던 곳이에요. 서류 심사 후 면접 보러 오라는 전화가 오지 않아서 안 됐다고 생각했습니다. 다른 곳에 가기로 되어있어요."

　"아, 그래요? 유치원인가요? 어린이집인가요?"

　"유치원이에요. 어디라고 말씀 드리는 좀 그렇습니다."

　유치원인가요? 어린이 집인가요?를 묻는데 이곳에서 나를 꼭 채용하고 싶어한다는 생각이 들었다. 그래서 이렇게 자세하게 묻는구나!

　전화를 끊고 나는 한동안 멍 하니 있었다.

　"여보, 내가 가고 싶었던 두 곳 중 한 곳에서 전화가 왔어요.

　내 양심을 지키고 내일 면접 보러가기로 한 곳에 가야 하는지 내가 원하는 곳으로 가야 하는지 고민이 되었어요."

"당신 양심을 지키는 것이 더 중요하다고 생각해요."

"저도 그렇게 생각해요. 아까 전화를 받고는 잠시 망설였어요."

다음 날 원래 면접보기로 되어 있던 ○○병설유치원 면접을 보러 갔다. 교감 선생님께서 면접 장소에 들어오며 이렇게 말씀 하셨다.

"어머나, 어디서 이렇게 젊고 예쁜 선생님이 오셨어?"

'나를 이렇게 환영해주는구나! 공부하길 잘했다. 주미야.'

가슴 속에서 뜨거운 눈물이 흘렀다. 아이들 데리고 짐을 싸서 출석수업 다녔던 일, 너무 힘들어 눈물을 줄줄 흘렸던 일, 허리디스크로 아팠던 일, 시험 보러 간다고 아이들을 이웃에 맡겼던 날들이 영화처럼 지나갔다. '잘했다. 주미야. 유치원 정교사 자격증을 들고 온 네가 자랑스럽다.'

그곳은 시골에 있는 병설유치원이라서 교사 구하기가 힘들었다고 했다. 보육교사 자격증을 가진 교사만 지원을 해서 걱정이었는데, 정교사가 지원을 했다며 반가워 하셨다. 정말 말로 표현할 수 없는 기쁨이 내 안에 솟아났다.

Part 3

성인 사춘기

지구 반대편으로 도망친 남편

건설 회사에 다니는 남편은 건설현장이 있는 곳으로 옮겨 다니며 근무를 했다. 경상남도 진주 현장에서 근무하게 되면서 2주일에 한 번씩 집에 왔다. 집에서 진주까지 3시간이 넘게 걸리니 매주 집에 오는 것은 무리였다. 남편은 월요일 새벽 5시가 되기 전에 집을 나섰다. 아직 어둑한 새벽에 잠자고 있는 나와 아이들에게 뽀뽀를 하고 떠나는 남편. 언제까지 이렇게 떨어져서 살아야 할까?

전생에 나라를 구해야 얻을 수 있다는 주말부부. 남편 아침, 저녁 안 챙겨주니 편하겠다고 말하는 이웃도 있다. 그래, 그런 날도 있다. 나는 아침이면 아이들과 함께 어린이집으로 출근을 했다. 여자는 약하나 어머니는 강하다고 했던가!

주말부부를 하며 지내던 어느 날, 남편은 에티오피아로 파견 근무를 나가게 되었다고 어렵게 말했다.

"에? … 에티오피아요? 그게 어디에 있는 나라죠? 호 … 혹시 아프리카요?"

가슴이 철렁 내려앉았다. 싸늘한 기운이 내 몸속에 가득했다. 하늘이 무너져 내린다는 말은 이럴 때 쓰는구나!

'나는 어떻게 살지?'

남편은 해외 근무를 무척 나가고 싶어했다. 회사에는 해외 현장이 많이 있었다. 캐나다 같은 선진국으로 나간다면 가족이 같이 나갈 수도 있다기에 신청하라고 했다. 그런데 에티오피아라니. 나만 혼자 두고 간다고? 이거 꿈이야 현실이야? 아무 연고도 없는 이곳에 나 혼자 어떻게 살지.

친정으로 이사를 갈까도 했지만, 이혼한 부모님 중 누구도 나를 돌봐주거나 위로해줄 상황이 아니었다. 아는 사람 한 명 없는 외딴섬에 아이들과 버려진 기분이었다. 혼자 멍하니 앉아서 울기만 했다. 남편의 해외근무 소식을 듣고 충격을 받은 주에 교회에 갔다. 주일마다 오는 교회지만, 어쩐지 낯설게 느껴졌다.

'다른 사람은 이런 마음 모르겠지? 겪어 보지 않았으니 내 마음 모를 거야.'

마치 입안에 가시가 잔뜩 들어서 입을 움직이면 찔려서 아플 것만 같아 입을 여는 것조차 두려웠다. 교회 카페에 앉아서 우리 목장 인도자를 만나 한동안 입을 열지 못하고 울기만 했다. 그렇게 한참을 울다가 집사님께 겨우 입을 열었다.

“남편이 에티오피아로 파견근무 나간대요.”

말하는 입술이 떨리고 내 마음은 더 떨렸다. 엉엉 울었다.

“아이고, 우리 주미 어떡해.”

집사님은 내 등을 쓰다듬어 주며 안타까워하셨다.

나는 남편에게 가지 말라는 말은 하지 않았다. 남편이 나로 인해 아니 내 안에 상처로 인해 힘들어 한다는 것을 알고 있었다. 우리 집은 어느 광고의 장면처럼 남편 어깨 위에 아내가 올라 앉아있고 그 위에 큰 아이가 앉아있고 그 위에 작은 아이가 앉아 있었다. 광고 속 남자는 아내는 물론이고 부모님까지 어깨 위에 얹고 있었다. 그 광고를 보고 나는 엄청난 충격에 휩싸였다.

‘우리 집이 저렇구나! 남편이 혼자 돈도 벌고 집에 오면 내 투정과 짜증을 다 받아주고 있구나. 거기에 큰 아이와 작은 아이의 감정까지 남편이 모두 받아주고 있으니 무척 힘들겠다.’는 생각이 들었다. 남편이 큰 아이를 안아주고 내가 작은 아이를 사랑해주면 참으로 편안하고 행복할 텐데. 그런 생각이 들었음에도 여전히 나는 남편에게 아내가 아니라 마치 큰 딸처럼 행동했다. 투정부리고 내 말만 들어주고 내가 하자는 대로 안 해주면 토라졌다.

‘그래서 남편이 떠나는구나! 더 이상 받아줄 수 없어서 이대로 살다가 남편 에너지가 다 소진되면 우리 부모님처럼 이혼할까봐.’

두 달 후쯤 출국한다고 했다. 남편은 열심히 출국 준비를 했고 나는 남편 없이 살 준비를 아무것도 하지 못했다. 아니 어떻게 할지 몰랐다. 설마 진짜 현실로 다가올까 하는 생각이 들었다.

　남편이 출국하는 날, 우리 가족은 모두 공항으로 향했다. 친정아버지도 공항으로 오신다고 했다. 나는 원래 밥 세끼는 다 챙겨먹고 군것질을 하지 않는다. 그런데 남편이 떠나는 그날은 휴게소에서 과자를 샀다. 공항으로 가는 내내 운전하는 남편 옆에서 과자를 먹었다. 내가 생각해도 이상했다. 남편이 떠나는 스트레스를 달콤하고 바삭한 과자를 먹으며 달래고 있는 중인지도 모르겠다.

　공항에 마중나온 아버지는 남편과 악수를 하며 건강히 잘 다녀오라고 했다. 마치 보름쯤 출장을 다녀오는 듯이 인사가 가벼웠다. 두바이행 비행기가 밤 12시에 출발을 하니 공항에서 오랜 시간 기다려야 했다.

　에티오피아에 가기 위해서는 한국에서 두바이로 8시간 비행기를 타고 가야한다. 두바이에서 2시간을 기다렸다가 다시 비행기를 타고 에티오피아 수도인 아디스아바바에 도착한다. 거기에서 남편 현장인 봉가까지는 포장도로를 400km, 비포장도로를 150km 달려야 도착할 수 있다. 집에서 출발해서 남편이 근무하는 현장에 도착하기까지 2박3일이 걸린다. 출근길 한번 참으로 멀다.

　막상 떠날 시간이 되자 짧은 포옹으로 이별했다. 얼굴은 웃고 있었으나 나의 마음과 눈 속에는 걱정과 두려움이 가득했다. 똑바로 남편 얼굴을 볼 수 없었다. 눈을 마주칠 수 없었다. 내가 사랑하는 남편이 이제 저 문을 넘어 아주 먼 곳으로 가는데도 헤어진다는 것이 실감 나지 않았다.

출국장으로 들어가는 남편을 바라보며 '미안해'라고 말했다.

'내가 당신을 너무 힘들게 해서 미안해. 내가 내 고집 피우고 어린 애처럼 고집부린 거, 그래서 당신이 무척 힘들다는 거 내가 다 알아. 여보, 그런데 내 마음 나도 잘 안 돼. 당신은 그런 나 때문에 얼마나 힘들었을까. 미안해. 정말 미안해. 그렇게 예뻐하는 아이들을 두고 혼자 가는 당신 얼마나 마음이 아플까. 내 탓이야. 미안해요.'

출국장으로 들어가는 아빠를 보며 일곱 살 딸도 소리 없이 눈물을 흘렸다. 네 살 아들은 이 상황을 아직 잘 모르는 듯 했다. 아이들이 울며불며 가지 말라고 매달리면 남편의 마음이 얼마나 아플까. 이 상황을 잘 모르는 것이 오히려 감사했다. 뜨거운 눈물이 주르륵 뺨을 타고 흘려내렸다.

'잘 가요. 여보. 잘 다녀와요. 사랑해. 그리고 미안해.'

남편이 출국하고 두바이에 잘 도착했다는 소식이 왔다. 막상 떠나고 나니 주말부부로 떨어져 있는 것과 해외에 있는 것과는 무척 달랐다. 국내에 있으면 무슨 일이 생겼을 때 금방 소식을 전할 수 있고, 하루 안에 집에 올 수 있다. 하지만 아프리카는 지구본을 돌려 보아야 찾을 수 있다. 지구 반대편에 남편이 있다. 내 마음의 상처를 피해 남편은 이혼 대신 자구 반대편으로 도망친 것이다.

며칠 지나자 음부가 간지러웠다. 긁지 않고는 잠시도 있을 수 없었다. 한 번도 그런 경험이 없었기에 당황스러웠다. 가장 가고 싶지 않은 병원이 치과와 산부인과다. 부끄럽기도 하고 걱정이 되기도 했다.

"스트레스 받는 일이 있었나요? 질 안에 곰팡이가 꽉 찼어요. 이러니 간지럽지요."

작은 카메라로 본 내 질 속은 정말로 안개 같은 곰팡이로 꽉 채워져 있었다.

'주미야, 남편 해외가고 힘들지? 얼마나 힘들면 몸속에 저렇게 곰팡이가 폈을까. 좋아하지도 않는 과자를 먹으며 공항에 갈 만큼 스트레스가 심했던 거야.'

시간이 지나고 내 몸에서 곰팡이가 점점 사라져 갔다. 시간이 약이라고 했던가. 마치 주말부부의 연장인 듯 평범한 일상으로 돌아왔다. 누구에게도 마음 기댈 곳 없는 나에게 남편의 빈자리를 채워주는 것은 교회와 교회 사람들이었다.

십일조를 하게 해주세요

2010년 9월의 이야기다. 친척 중에 아픈 아이가 있었다. 아이는 열이 없음에도 잠을 잘 때 경기를 했다. 평상시에는 눈을 마주치고 대화하고 이해심도 많은 사랑스러운 아이였다. 그러다 무엇인가 자기 마음에 들지 않는 것이 있으면 갑자기 눈빛이 바뀐다. 물건을 집어던지고 어른들에게 욕을 했다. 학교에서 아이들과 다툼이 생겼고 부모는 학교에 자주 불려갔다. 선생님은 이 아이와 다른 아이 사이에 다툼이 생기면 어떻게 된 상황인지 묻지 않았다. 이 아이 잘못이라는 편견부터 가졌다. 이런 편견으로 인해 아이는 학교에서도 동네에서도 외로웠다.

부모는 진료를 잘 한다는 병원이라면 전국 어디든 찾아다녔다. 방에 CCTV를 설치하고 바뀐 약이 밤새 얼마나 효과가 있나 녹화를 했다. 부모는 아이를 키우며 눈물로 하루하루를 보냈다.

내가 이 아이를 위해서 무엇을 할 수 있을까? 돈이 많다면 병원비를 대신 내주고 싶었다. 하지만 남편 회사가 어려워져 월급이 잘 안 들어오니 그것도 어렵다. '주님! 제가 이 아이를 위해서 무엇을 할 수 있나요?'라고 기도드렸다.

'그래, 아이를 위해서 기도해야지! 기도가 답이다.'

벼리와 달이에게 이야기 했다.

"우리 친척 중에 성훈이 알지? 그 아이가 병이 들었어. 어떤 병이냐 하면 화가 나면 자신도 모르게 어른들에게 욕을 해. 밤에 잠을 못 자서 매일 피곤하지. 피곤하다보니 짜증이 잘 나고 짜증나다보니 친구들하고 싸우게 되지. 성훈이를 위해서 엄마가 기도해야 해. 밤이라 무섭겠지만 둘이 함께 있어. 엄마 10시쯤이면 집에 올 거야."

남편은 에티오피아에 있고 나 혼자 아이를 키우고 있었다. 금요일 심야예배에 가서 아이를 위해 기도했다. 아이의 사진을 가지고 예배에 참석했다. 목사님께서 한 사람씩 기도해 주실 때 나의 손에 있는 아이 사진을 가져갔다. 기도하던 중 아이를 위해 우리 가정이 십일조를 드려야겠다는 생각이 들었다. 십일조를 하는 것이 당연하나 망설이며 못하고 있었다.

"십일조를 하려면 남편의 동의가 필요한데 에티오피아에서 고생하는 남편에게 어떻게 이야기를 해야 하지?"

십일조를 하게 해달라고 간절히 기도드렸다. 기도로 준비하고 전화를 걸었다.

“여보, 나 요즘 성훈이를 위해서 기도해요. 그 아이 어떤지 당신도 알지요? 기도를 하는데 내가 주님 앞에 신실하지 않다는 생각이 들었어요. 십일조를 안 하고 있는 부분이 자꾸 마음에 걸려요. 그 아이를 위해서 내가 눈물 흘리며 간절하게 기도하고 있어요. 십일조하고 싶은데….”

“그래요. 하세요.”

단번에 하라고 해서 놀랐다.

“여보, 놀라지 말고 들어요. 사실 나 병원이야. 머리를 다쳤어. 지금은 괜찮아요. 에티오피아 신년은 9월이에요. 신년을 맞이해서 현장직원 3명이 소도래(Sodore)로 온천여행을 갔어요. 말이 온천이지 따뜻한 물을 채워 놓은 수영장 같은 곳이지요. 깊은 곳은 3미터 정도 되고 다이빙도 할 수 있어요. 수심이 깊어서 어지간한 수영 실력이 아니면 3미터 바닥에 발이 닿기란 쉽지 않지요. 직원들하고 잠수해서 수영장 바닥에 닿은 후에 개구리처럼 튀어올라오는 놀이를 하고 있었어요.

다이빙을 해 수영장으로 첨벙하고 들어갔는데 뭔가 이상한 거예요. 무언가에 머리를 세게 부딪친 듯한 느낌이 들었어요. 정신은 있는데 몸이 서서히 물속으로 가라앉더라고요. 물 밖으로 나가야 한다는 생각이 들었는데 팔다리가 움직이지 않았어요. 몸은 계속 물속으로 가라앉고 있었어요. 그러다 몸이 다시 떠오르더라고요. ‘아, 이제 물 밖에서 한 모금 숨을 쉬면 살겠지’라고 생각했지요. 그런데 갑자기 다시 몸이 가라앉기 시작했어요.

그때 '이렇게 사람이 죽을 수도 있겠구나! 내가 여기서 나가지 못하면 숨도 못 쉬고 죽는 거구나.' 라는 생각이 들었어요. '죽음이 멀리 있는 것이 아니고 바로 내 옆에 있는 거구나, 내가 죽으면 어떻게 되는 거지.'라고 생각하니 영화처럼 어떤 장면이 떠올랐어요.

내가 죽어 나의 몸은 비행기 화물칸에 실려서 인천공항으로 향했어요. 당신과 딸과 아들이 공항에 왔지요. 당신은 내 죽음을 보면서 통곡했어요. 그렇게 우는 엄마를 바라보면서 딸도 아빠의 죽음을 느끼면서 같이 울었어요. 아무것도 모르는 아들은 엄마에게 '엄마 저 상자에 아빠가 있는 거야? '왜 아빠는 상자에 누워있어?' 라고 말하겠지요. 그런 말을 들은 당신은 더욱 슬피 우는 모습이 보였어요.

그때 문뜩 눈앞에 파란색 사다리가 보였어요.'저 사다리를 잡으면 살 수 있겠다.' 생각했고 신기하게도 그 순간 손가락이 움직였어. 그 전에는 손가락 하나도 발가락 하나도 움직일 수 없었거든.

서서히 사다리쪽으로 몸을 움직일 수 있었어요. 드디어 사다리를 잡는 순간 신기하게도 팔과 다리가 정상적으로 움직이기 시작했어요. 그 순간 살았다는 느낌이 들었지요. 아디스아바바에 한국에서 세운 명성기독병원으로 이송되었어요. 그 병원에 한국인 간호사가 있어서 통역도 잘 되었어요."

나는 전화를 받으며 엉엉 울었다. 말을 잇지 못했다. 일주일 전에 이런 일이 있었는데 나는 전혀 모르고 있었다. 그 먼 곳에서 생사를 헤매고 있는데 곁에 있어주지 못해서 미안했다. 혼자 얼마나 아프고 고통스러웠을까? 죽을지도 모른다는 생각으로 아이들이 얼마나 보고 싶었을까? 눈물과 콧물이 범벅이 되었다.

"살려주신 주님 감사합니다."

남편이 십일조에 동의한 후에 성훈이를 위해 간절히 기도했다. 아픈 아이를 위해 눈물로 기도했다.

'주님, 부디 이 아이 병이 낫게 해주세요. 밤에 잠을 자면서 경기 하는 이 어린 아이를 지켜주세요. 그들의 부모 마음을 달래주세요. 아버지! 얼마나 힘들고 아프냐고 다독거려 주세요. 주님.'

사모님께 말씀드렸다.

"사모님, 친척 중에 성훈이라는 아이가 있어요. 그 아이가 경기 를 해요. 그 아이와 가족을 위해 기도하는데 십일조를 해야겠다는 생각이 들었어요."

"그랬구나! 기도할 때 왠지 네가 십일조를 구한다는 느낌이 들었 어."

"어머, 그래요? 십일조를 하려면 남편의 동의가 필요한데 에티오 피아에서 고생하는 남편에게 어떻게 말을 해야 하나 고민했어요. 그것을 주님께 기도 드렸어요. 기도를 드린 후 남편에게 말을 하니 놀라운 이야기를 했어요."

사모님께 그동안의 이야기를 들려드렸다. 목사님께서는 주일 예 배 중에 나에게 간증을 하라고 하셨다. 나는 앞으로 나가 떨리는 손 으로 마이크를 잡았다.

비참한 나를 보여주고 싶지 않아

남편이 해외로 나가니 급여가 국내에 있을 때보다 50%는 더 나
왔다. 남편은 다른 회사는 2배씩 지급되는데, 너무 적다면서 불만
을 표시했다.

남편이 없는 동안 급여가 더 나오니 경제적으로 여유가 생겼다.
어느 날 유치원에서 돌아온 달이가 물었다.

"엄마, 어처구니가 뭔지 알아요?"

"어처구니가 없다 할 때 어처구니 말이니?"

"네"

"글쎄? 그게 뭐지?"

"엄마, 그거 돌조각 인형이에요. 삼장법사하고 손오공 모양을 만
들어 놓은 거예요."

달이와의 대화를 듣고 있던 초등 3학년 벼리가 대답했다.

"그래? 우리나라 궁궐 지붕 끝에 만들어 놓은 어처구니라는 것이 중국 《서유기》에 나오는 손오공이라고? 벼리는 그걸 어떻게 알아?"

나는 우리나라 궁에 중국 《서유기》의 등장인물 모형이 있다니 이상하다는 생각이 들었다. 물음표가 세 개쯤 생겼다.

"책에서 봤지." 벼리가 대답했다.

"맞아. 궁궐 지붕 끝에 세워진 작은 인형 같은 거 있잖아요. 그거 래요."

누나가 서유기에 나오는 삼장법사라고 하니 달이가 신이 나서 이야기 했다. 유치원 선생님께서 하신 말씀이 기억난 듯 했다.

"궁궐 지붕 끝에 세워진 작은 인형 같은 거? 그런 게 있구나! 뭔지 궁금하네!"

아이들과 함께 관련책과 백과사전을 찾아보았다. 어처구니에 대한 세 가지 설이 있는데 다음과 같다. 첫 번째는 농기구와 관련된 설이다. 농기구는 대부분 아래 부분은 쇠로 되어있고 손잡이는 나무로 되어 있다. 밭을 일구다 보니 쇠 부분이 돌에 부딪치고 충격으로 인해 손잡이가 튕겨서 날아가 버리는 경우가 있다. 날아가 버린 손잡이 부분을 찾을 수 없어 밭일을 할 수 없게 되었을 때, '어처구니가 없다'라고 했다.

두 번째는 경상도에서는 맷돌의 손잡이를 어처구니라고 불렀다. 맷돌에 손잡이가 없으면 사용할 수 없으므로 말 그대로 어처구니가 없는 것이다.

세 번째는 궁궐과 같은 대형 기와건축물 지붕 위에 상징적인 조각물을 만들어 그 건물에 사는 사람을 보호해 준다는 것이다. 《서유기》에 나오는 삼장법사와 손오공, 사오정, 저팔계 그리고 그들을 따르는 무리들을 본 떠 만든 흙인형이다. 궁을 지을 때 건물을 다 지은 후에야 이것을 얹지 않은 것을 알게 되어 "저 높은 곳에 이것을 어떻게 올리지? 참으로 어처구니가 없네."라는 말에서 유래 되었다는 주장이 있다.

여러 가지 설이 있는데 어느 것이 맞는지는 정확하지 않다.

"백과사전을 찾아보니까 '잡상'이라고 불린대. 직접 보러가자!"

정말로 궁 지붕에 어처구니가 있는지 확인하러 주말에 경복궁으로 향했다. 인터넷으로 가는 길을 검색하고 메모했다.

"벼리야 달이야, 서울역에서 내려서 4호선 타고 동대문역사문화공원역에서 5호선으로 환승할 거야. 을지로4가 방향 지하철을 타고 광화문역에서 내리면 돼."

멀리 광화문이 보였다.

"저기가 경복궁의 첫 문인 광화문이야. 어처구니가 보이니?"

정말 보였다. 아는 만큼 보인다고 했던가! 지붕 끝에 정말로 어처구니가 보였다.

"저기 있다. 있어."

광화문에도 있고 근정전에도 있었다. 유치원에서 들은 것을 직접 눈으로 보는 이런 것이 진짜 교육이지! 어처구니를 보러 경복궁에 간 것을 시작으로 덕수궁과 창덕궁 등도 다니기 시작했다. 아이들과 함께하니 덕수궁의 돌담길을 걷는 낭만을 실컷 즐기지는 못했다. 대신 덕수궁 정문 앞에 있는 맛있는 와플을 먹는 것으로 대신했다. 궁 해설사가 있는 시간을 알아보고 그 시간에 맞추려 노력했다. 귀에 이어폰을 꼽고 설명을 듣는 것보다 사람을 통해 듣는 쪽이 훨씬 좋았다.

하지만 이런 일상의 달콤함도 오래가지 않았다. 남편 회사가 워크아웃에 들어가면서 월급이 안 나오기 시작했다. 2009년쯤 회사에 부채가 늘어나자 채권 은행에서 빚을 갚으라고 몰려왔다. 회사 경영은 혼란에 빠졌다. 그때부터 매달 나와야 하는 월급이 45일 만에 나오기도 하고 한 달씩 밀리기 시작했다. 남편 혼자 벌어서 생활했는데, 정말 난감했다.

식료품을 살 때는 거의 카드를 사용하니 돈이 없다는 것을 느끼지 못했다. 막상 카드 결제일이 되자 돈이 없음을 실감할 수 있었다. 매달 지급되어야 하는 보험료와 세금, 카드값을 내는 것이 제일 큰 문제였다. 마이너스 통장을 쓰면서 한 달 정도 월급이 밀리는 생활에 익숙해져갔다. 반복하다보면 익숙해지고 익숙해지면 무뎌진다. 그러다가 다시 정상화되어 한동안 잘 지냈다. 매달 월급이 나오는 것이 당연하다 생각했을 때는 몰랐던 일상에 감사함을 느꼈다.

2012년 10월 남편의 근무지가 에티오피아에서 알제리로 바뀌었다. 알제리에서 정유공장을 짓는 일이었다.

"이번에도 또 아프리카네."

방학이라고 한 번 가볼 수도 없는 아프리카는 멀고도 멀었다.

2013년 두 번째 워크아웃에 들어갔다. 또 월급이 밀린다니 두려웠다. 그런데 이번에는 지난 번보다 더욱 심했다. 월급이 두 달씩 밀렸다. 해외에 있는 남편에게 전화를 하면 "곧 나오겠지."라고 대답했다. 마이너스통장 한도가 꽉 찼고, 적금을 깨서 생활비로 사용했다. 월급이 3개월 밀리니 생활이 정말 어려웠다. 외벌이 가정에 급여가 3개월씩 안 나오면 어떻게 살라는 거지?

친정 부모님께 도움을 요청했다.

"월급이 3개월째 밀려서 생활이 안 되고 있어요. 아이들과 너무 힘들어요. 단돈 오만 원이라도 도와주세요."

그러나 아버지도 엄마도 도와줄 수 없다고 하셨다. 나는 절망했다. '결혼할 때도 한 푼도 안 보태주더니 이렇게 힘든데도 도와줄 사람이 아무도 없구나!' 서운한 마음에 또 울었다. 고난은 사람의 시야를 좁게 만드는 것 같다. 잘해 준 것은 생각 안 나고 서운한 것만 생각난다.

설상가상이라고 했던가! 차 핸들이 돌아가지 않았다. 주행 중에 핸들 돌아가는 것이 무거운 맷돌을 돌리듯 했고 이상한 소리까지 났다. 정비소에서 차를 며칠 맡겨야 한다고 했다. 남편도 옆에 없고 월급도 안 나오고 나를 도와줄 사람이 아무도 없는 상황에서 혼자임을 실감했다.

　교회에 갔지만 투명인간이 된 듯 멍하니 앉아만 있었다. 나를 제외한 다른 사람은 다 행복해 보였다. 점심을 먹고 다들 청소한다고 했다. 나는 마음이 너무 힘들어서 청소를 하고 싶지 않았다.

　빨리 집으로 돌아가고 싶었다. 택시비 오천 원이 아까웠다. 누가 이런 나의 사정을 알고 '집에 데려다 줄까?'라고 말을 걸어주길 바랐다. 돈도 없고 남편도 없는 이런 비참한 상황에 그냥 눈물이 줄줄 흘렀다. 내 자신이 비참하고 불쌍해서 미칠 것만 같았다. 우는 모습, 비참한 내 모습을 보여주고 싶지 않다. 빨리 교회를 벗어나야 한다.

　어린 아이 둘을 데리고 집까지 걸어왔다. 1월의 매서운 바람 속을 걸으며 울었다.'내가 남편 월급이 3개월째 밀려서 마음이 힘들어. 청소를 못하겠어. 미안하지만 나 집까지 좀 태워다 줘.'라고 말하지 못했다. 목장 식구들이 이런 상황을 몰라준다며 혼자 서운해했다. 집에 가는 길에 차를 타고 가던 교회분이 "이 추운데 애들하고 걸어서 집에 가요?"라고 하셨다. 나는 걸어온 것도 창피하고 울면서 온 것을 눈치챌까봐 그분과 눈도 마주치지 못했다.

　그러던 어느 날 황연숙 사모님께서 생일 축하한다며 무언가를 주셨다. 집에 와서 열어보니 편지와 함께 현금이 들어 있었다. 편지를 읽으며 뜨거운 눈물이 하염없이 흘렀다. 사모님 상황을 아는데 이렇게 마음을 써주다니 감동이었다.

주미야!

남편도 멀리 있고 월급도 안 나오는 요즘 네가 혼자 얼마나 힘드니! 어려운 상황 속에서도 아이들과 씩씩하게 잘 지내는 모습이 대견하다. 얼마 안 되는 돈이지만 맛있는 거 사먹고 힘내!

우리 주님께 함께 기도하자. 파이팅!!

사모님 편지를 읽고 뜨거운 눈물이 주르륵 흘러요.

남편도 옆에 없고 월급은 3개월째 밀리고, 힘내라고 밥 한 끼 사주는 사람이 없어서 무척 서운했어요.

어려운 시기를 보내고 있는 요즘 아무 말 없이 손을 잡아주는 한 사람, 그냥 같이 울어주는 사람이 얼마나 소중한지 알았어요.

사모님께서 저를 따스하게 안아주는 한 사람이 되어주셔서 감사합니다.

주신 돈으로 맛있는 거 먹고 힘낼게요.

저 씩씩해요. 두 아이의 엄마니까요.

주님께 함께 기도 드려요.

소중하고 귀한 사모님! 감사합니다. 사랑합니다.

나를 진심으로 생각해주는 단 한 사람이 사람을 살린다. 그 한 사람이 없어서 자살을 선택하는 것이다.

남편의 빈자리

남편은 지구 반대편에 있다. 특별한 날이 되면 남편의 빈자리가 크게 느껴졌다. 양로원이나 고아원 아이들이 특별한 날 소외감을 더 느낀다고 하는데 바로 이런 감정인가보다.

벼리 초등학교 입학통지서를 받고 가슴이 뛰었다. 첫 아이를 낳고 여자로 태어나 무엇인가 큰일을 한 것 같은 뿌듯함에 행복했다. 벼리가 초등학교 입학할 때도 그랬다. 첫 아이를 학교에 보내는 설렘을 혼자 느꼈다. 1학년 7반 반 배정을 받고 줄 맞추어 교실로 돌아가는데 코끝이 찡해 왔다. 이런 순간에 남편이 옆에 없다니.

"여보, 벼리가 초등학교에 입학했어요. 1학년 7반이래요. 여자 선생님이에요. 당신 없어도 우리 딸 씩씩하네. 어느새 이렇게 컸는지 기특해요. 우리 처음 이 집에 이사 왔을 때 벼리가 식탁 밑을 서서 걸어 다녔잖아요. 기억나요?”

“응. 기억나요. 우리가 밥 먹을 때 벼리는 식탁 아래를 걸어 다녔지. 벼리가 초등학교 갔는데 아빠가 같이 있어주지 못해서 미안해.”

나는 말을 잇지 못하고 눈물을 흘렸다.

“엄마, 크리스마스에 아빠 와?”

“아니.”

“엄마, 내 생일날 아빠 와?”

“아니, 달이는 생일날 아빠가 오셨으면 좋겠구나!”

“응.”

“그래. 엄마도 그랬으면 좋겠네.”하고는 한 줄기 눈물이 주르륵 흐른다.

“바보. 아빠 아프리카에 있는데 어떻게 오냐?”

“내가 왜 바보야. 누나 바보.”

저러다 또 티격태격 싸운다. 아이들의 대화에 또 눈물이 흐른다. 나는 언제까지 남편을 그리워 하면서 살아야 할까? 언제까지 이렇게 떨어져서 지내야 할까? 한숨이 절로 나왔다.

남편의 생일날, 우리끼리 케이크를 잘랐다. 아이들의 생일에도 나의 생일에도 남편의 빈자리는 컸다. 시차도 있고 남편이 폴더폰이라 통화도 쉽지 않았다. 몇 해가 지나 스마트폰으로 바꾸면서 메시지를 주고받을 수 있게 되었다.

어느 날 달이가 나에게 말했다.

"엄마, 유치원 애들이 우리 아빠 아프리카에서 흙탕물 먹는다고 놀려. 아프리카 띵까 띵까래."

달이가 이런 말을 하면 멀리 있는 남편 생각에 또 눈물이 흘렀다.

"아빠 아프리카에서 흙탕물 안 먹는데, 달이 친구가 잘못 알고 있네."

"그래? 유치원 애들 이상해."

명절이 되면 아이 둘을 데리고 직접 운전해서 시댁에 갔다. 집을 며칠 비우니 집안을 청소하고 아이들 옷이며 내 옷까지 챙겨야 했다. 그나마 달이가 젖을 때 젖병과 분유를 챙기지 않아도 되는 것에 감사했다. 명절이든 평상시든 남편 없는 시댁은 안 간다는 엄마들의 이야기를 들으며 서러워서 또 혼자 울었다. 가슴 한구석이 저려왔다. 나도 안가고 싶고 배려 받고 싶다. 하지만 내가 가지 않으면 몸이 아픈 형님 혼자 명절음식을 차리고 고생할 생각을 하니 안 갈 수도 없었다. 서러워 울며 형님댁으로 갔다.

형님이 네 분이지만 각자의 사연으로 인해 나와 바로 위에 형님만이 집안 대소사를 챙기고 있었다. 어린 애들 데리고 장봐서 명절음식을 했다. 재료를 씻고 썰어서 한자리에 앉아서 전을 부친다. 반나절을 부쳐도 한소쿠리 밖에 되지 않는다. 거기에 식구들 먹을 밥, 국과 반찬도 해야 하니 너무 힘들었다. 남편 없이 어린 아이들을 데리고 시댁 와서 명절 음식을 허리가 휘도록 하는 서러움은 글로 다

하지 못한다.

형님과 둘이서 제사음식과 먹을 음식까지 다 하려니 해도 해도 끝이 없었다. 형님이 말씀하셨다.

"동서, 우리가 이렇게 힘들 게 음식해도 고맙다는 말도 못 들어. 우리 반찬 몇 가지는 사자."

"네? 사도 될까요? 아버님께 혼나면 어쩌지요?"

"그러게 화내시면 어쩌지?"

두려움을 안고 반찬 몇 가지를 사기 시작했다.

차례를 지내고 나면 아버님과 아주버님들은 방에서 식사를 했다. 아이들은 거실에 상을 펴고 먹었다. 나와 형님은 자리가 없어서 아이들이 먹고 난 자리에서 먹었다. 좁은 자리에 끼여 앉아서 먹기도 했다. 형님들은 안 와도 아주버님들과 아이들은 시댁에 모이니 설거지가 큰 소쿠리로 두 개는 되었다. 고모 내외분까지 오면 일하는 사람은 두 명에 밥 먹는 사람은 스무 명 가까이 되었다. 아침에 눈을 떠서 저녁까지 부엌을 떠나지 못했다. 밥 먹은 설거지를 채 하지도 못 했는데, 커피를 달라 과일을 깎아 달라 하면 화가 치밀어 올라왔다. 형님과 나는 하녀 같았다.

아버님은 며느리를 편애하셨고 나와 바로 위에 형님은 사랑받지 못하는 며느리였다. 왜 그런지 이유는 모른다. 그냥 아버님의 마음이 그렇다. 일은 우리가 다하는데 사랑과 존중은 며느리 중에서 제일 받지 못했다.

아버님께 '고맙다. 수고했다'는 말 한마디 듣지 못했다. 오히려 술 드시면 그동안 서운했던 것을 한꺼번에 다 쏟아내서 모두들 불안에 떨게 했다. 처음에는 아버님이 술을 드시지만 어느 순간이 되면 술이 아버님을 지배해 버렸다. 가족 모두 아버님을 주시하며 두려움에 떨었다.

어느 명절에는 밤에 달이가 너무 울어서 업고 밖으로 나왔다. 남편도 없이 시댁에 온 것만으로도 서러웠다. 아주버님들 얼굴을 뵈면 내 남편 얼굴이 보고 싶어 가슴이 찡했다. 잠을 자지 않고 칭얼거리는 아이를 등에 업고 마당에 나와 혼자 울었다. 어두운 밤 달빛과 달이를 업은 나만이 마당에 있었다.

집으로 당장 돌아가고 싶었다. 달이를 업고 잠 못드는 나와 함께 있어 주는 사람은 아무도 없었다. 누군가 그냥 옆에만 있어주어도 힘이 되었을 텐데. 오히려 자고 있는 시댁 식구들이 달이가 우는 소리에 깰까 걱정했다. 화를 벌컥 내는 아버님이 나오시는 건 아닌지 마당에서 불안에 떨었다. 내 신세가 가여워서 눈물이 주르륵 흘렀다. 아주 많은 시간이 흐른 뒤에 아버님이 아이들에게 "그때 네 엄마 너를 업고 밤에 나가서 징징 울었어."라고 하셨다.

'아! 아버님도 알고 계셨구나!' 내 어려운 마음 알아주었다니 조금은 서운함이 녹는 것 같다. 그리고 그때 생각에 눈물이 핑 돌았다. 간절하게 집에 가고 싶었던 그날 밤.

시댁에서 제사를 지내고 집으로 돌아오니 밤 12시가 넘었다. 피곤하기도 하고 혼자 서럽기도 하고 울면서 운전했다. 여덟 살, 다섯 살 아이들은 차에서 잠이 들었다. 밤 늦게 도착하니 우리 동에 차를 세울 곳이 없었다. 주차장을 빙빙 돌다가 먼 곳에 주차를 했다. 큰 아이를 깨우고 작은 아이를 등에 업었다. 서러움에 눈물이 줄줄 흘렀다.

'나는 또 혼자다. 혼자 짐 싸고 혼자 운전하고 혼자 집에 와야 한다. 잠자는 애를 혼자 깨워서 데리고 가야 한다. 외로워서 미치겠다. 서러워 눈물이 난다. 나는 왜 이렇게 불쌍하지?'

집으로 걸어오면서 나 자신이 너무 가여웠다.

여호와는 나의 목자시니 내게 부족함이 없으리로다

그가 나를 푸른 풀밭에 누이시며 쉴 만한 물 가로 인도하시는도다

내 영혼을 소생시키시고 자기 이름을 위하여 의의 길로 인도하시는도다

내가 사망의 음침한 골짜기로 다닐지라도 해를 두려워하지 않을 것은

주께서 나와 함께 하심이라

 − 시편 23:1-4

성인 사춘기래요

몇 달 후에 남편이 휴가를 나온다기에 부푼 기대감과 설렘으로 기다리고 있을 때였다. 평소에 활기차고 씩씩한 편인데 이상하게도 우울한 마음이 들었다. 몸에 기운이 다 빠진 듯하고 무기력했다. 아이들 밥도 해주기 싫어서 시켜 먹었다. 우울한 마음이 불편했다. 불편함을 회피하려 낮잠을 잤다.

'나 이상하다. 우울증인가?'

산후우울증을 겪었으므로 이것 역시 우울증일지도 모른다고 생각했다. 시간이 갈수록 표정이 없어졌다. 누구를 만나서 이야기를 해볼까 하다가도 한편으로는 귀찮다는 생각이 들었다. 하루하루 이렇게 보내다 보니 어느새 2주일이 지나갔다. '뭔가 이상하다. 먹기도 싫고 밖에 나가기도 싫다. 이유 없이 아무것도 하기 싫다. 분명 문제가 있다'는 생각이 들었다. 하염없이 그리고 이유 없이 눈물이 흘렀다. 아이들을 생각하며 마음을 다잡아 보았다. 그럼에도 불구하고 알 수 없는 눈물은 계속되었다.

'마음 놓고 울 곳이 필요하다. 어디가 좋을까?' 생각하다 교회에 나갔다. 소리 내서 엉엉 울고 싶어서 새벽예배에 나갔다. 얼굴을 닦을 큰 수건을 가지고 갔다. 아주 실컷 울기로 작정했다. 설교 말씀이 귀에 들어오지 않았다. 그냥 멍하니 앉아 있었고, 기도하는 시간이 빨리 오기만을 기다렸다. 말씀이 끝나고 각자 기도하는 시간이 되었다. 나는 수건을 가지고 강대상 앞으로 나갔다. 조용히 눈을 감았다.

"주님, 제 마음이 우울해요. 아무것도 하기 싫고 이상해요. 저 왜 그래요? 제 마음인데 저도 모르겠어요. 힘들어 죽겠어요. 힘든데 무엇 때문에 힘든지 모르겠어요. 저 왜 그래요?"

이렇게 기도하면서 울었다. 눈물과 콧물이 줄줄 흘러 내렸다. 울고 또 울었다. 그 다음 날도, 그 다음 날도 교회에 가서 펑펑 울었다. 실컷 울고 난 후 그 힘으로 하루를 살 수 있었다. 그러던 어느 날 기도하던 중에 주님께서 이런 말씀을 하셨다.

"너에게 사춘기가 왔다."

"사춘기요? 제 나이 서른 중반인데, 사춘기라니요?"

하늘은 맑고 높은 가을 날, 교회 카페를 청소하고 있었다. 내 감정이 우울하고 무기력하니 다른 사람들과 이야기를 하고 싶지도 않았다. 이야기 한다고 해도 영혼이 없는 듯 초점도 없었다. 청소를 하고 있는데 교회 사모님께서 오셨다.

"사모님, 제가요."

어떻게 말을 해야 할까 망설였다. 이 말을 꺼내는데 코끝이 찡하고 눈물이 핑 돌았다. 괜히 서러움에 눈물이 났다.

"… 사춘기가 왔대요."

내 말을 들은 사모님께서 놀라운 말씀을 하셨다.

"주미야, 나는 벌써 알고 있었어. 너에게 말을 하고 싶었는데, 네가 먼저 말해주길 기다리고 있었지. 내가 선교원을 할 때 유난히 단체생활에 어려움을 겪는 아이들이 있었어. '저 아이들은 왜 그럴까? 나는 어떻게 해야 할까?' 고민하며 기도했지. 그때 어느 분이 이렇게 말씀하셨어. 유아 반항기의 시절을 어른의 충분한 사랑을 받지 못한 아이들은 그 나이 두 배인 나이에 청소년 사춘기를 아주 혹독하게 겪는다고. 그 말에 깊이 공감했지. 이런 이야기를 들었기 때문에 네가 성인이 되어 사춘기를 겪는다는 것을 바로 알아볼 수 있었어. 요즘은 사춘기가 중학교 때 오지만 주미가 어렸을 때는 고등학교 때 왔지? 이유 없이 눈물만 나고 무기력한 그 마음을 채우려고 술을 마시거나 쇼핑 중독에 걸리거나 게임중독에 빠지지 않고 그것을 교회 안에서 해결하려는 너의 몸부림이 너무나 감사하고 다행이야. 지금 아주 잘 하고 있어. 관련 책을 찾아서 읽어보고 지금처럼 매일 나와서 기도하렴."

집으로 돌아와서 '성인 사춘기'를 검색했다. 성인 사춘기를 겪고 있는 듯하다는 몇 개의 글이 있었다. 관련 용어로 '내면 아이', '상처 치유'가 있었다. 책을 몇 권 주문했다.

때마침 서울에 사는 친구와 통화를 했다. 친구는 가까이 사는 시어머님에 대한 분노의 감정이 있었다고 했다. 하루에도 몇 번씩 불쑥 현관문을 열고 들어와 마음대로 냉장고를 열어 본다고 했다. 게다가 살림에 대해 이렇고 저렇고 부정적인 말씀을 하셔서 이혼까지 생각할 만큼 힘들었다고 한다. 주님 앞에 가서 울며불며 시어머님을 욕고 하고 실컷 화내고 나니 어느 순간 그리도 밉던 어머니에게 불쌍한 마음이 들었다고 한다. 어머니의 마음과 어머니의 입장이 이해가 되면서 평온함이 찾아 왔다는 것이다.

"주미야. 성경에 보면 나와 있잖아. 주님은 우리 머리카락 개수까지 다 세고 계신다고. 그러니 마음을 감출 게 없어. 주님 앞에 네가 참아야 했던 그때 그 순간을 찾아가서 솔직하게 다 토해내."

속마음을 세상 사람들에게 이야기 하면 욕이고 흉이지만 주님 앞에 가서 하면 기도가 된다. 친구 이야기를 듣고 나의 눌러 놓았던 감정을 애써서 모두 다 쏟아내는 기도를 하기 시작했다.

"주님, 제가 성인 사춘기라고 말씀하셨죠?. 저는 큰 집에 맏이로 태어나서 참고만 살았어요. 마음속에 담아두었던 이야기 모두 다 털어 놓을게요. 부모님한테 서운한 거 화나는 거 다 말할게요. 욕도 할 거예요. 부모님을 욕해도 용서해 주세요. 세상 사람들에게 안하고 주님께 다 털어 놓으니 용서해 주세요."

솔직한 마음을 기도했다. 가라 앉아 있던 감정이 마치 부글부글 거리다 솟구쳐 오르는 화산처럼 터져 나왔다.

남동생이 가운데에 앉아 있었다. 왼쪽에서는 아버지가 남동생을 바라보고 있다. 오른쪽에서는 어머니가 남동생을 미소 지으며 바라보고 있다. 엄마 등 뒤에 앉아있다. 엄마 등을 손으로 두드리며 말했다.

"엄마는 나 어릴 때 한 번도 안아주지 않았지. 나를 사랑하긴 했어? 엄마하고 아빠는 남동생만 보고 있었지. 남동생은 잘 한다 박수 쳐주고, 그 애를 보고 웃었지. 나한테는 엄마도 아빠도 등을 돌리고 있었어. 등 뒤에 나를 좀 봐줘요! 내가 여기 있다고! 나도 사랑 받고 싶다고요. 나는 혼자야. 엄마, 아빠 등만 보여! 나하고 눈을 마주쳐 주세요. 나를 사랑한다고 말하고 따뜻하게 안아줘요. 오래오래 안아줘요. 딸은 살림 밑천이라고 했지? 나는 사람이 아니고 도구야? 그래서 나를 사랑해주지 않은 거야?"

부모님 등 뒤에서 나는 혼자 울고 있었다. 아무리 울어도 나는 마치 투명인간 같았다. 나는 엄마 등 뒤에 있음에도 불구하고 마치 백 미터쯤 떨어진 곳에 있는 듯 엄마를 외쳐 부르며 큰소리로 목 놓아 울고 있었다.

"내가 6학년 때 서울에 계신 할아버지 입원하셨다고 나를 혼자 서울로 보냈지. 어떻게 그럴 수가 있어? 어떻게 어린 딸을 할아버지 병간호를 하라고 혼자 서울로 보낼 수 있냐고! 어른들은 뭐하고 어린 나를 서울로 보냈어? 내가 애를 키워보니까 우리 큰 애를 할아버지 간병하라고 보냈다고 생각하니 정말 기가 막혀. 나라면 절대 내 자식 안 보내. 큰 집에 첫째라는 게 싫어. 맏이는 너무 힘들어. 외로워. 책임감만 가득해! 나 서울 보내지 마. 엄마! 안 갈래!”

그때는 이렇게 말하지 못했다. 작은 어머니는 미용실을 운영하면서 아이 둘을 키웠는데, 할아버지께서 입원을 하게 되었고 방학이라 나를 서울로 보낸 것이다. 낮에는 병원에서 할아버지 소변 통을 버리고 오는 잔심부름을 했다. 나는 할아버지가 무서웠다. 가까이 있지만 할아버지와 마음을 나눌 수 없었다.

그때를 생각하며 미친 사람처럼 울었다. 매일 소리 내서 엉엉 울었다. 커다란 수건이 다 젖도록 가슴을 쥐어짜며 서럽게 울었다. 그곳엔 아이인데 어른 옷을 입고 어른처럼 행동해야 했던 상처투성이 내가 있었다. 아무도 내 마음을 모른다. 겪어보지 않았는데 어떻게 알아? 세상에 내가 가장 불쌍하고 안쓰러워 미치겠다.

어느 날은 통곡하며 우는 나를 누군가 따뜻하게 안아 주고 등을 토닥여 주었다. 손을 잡고 쓰다듬어 주었다.

‘주님이 나의 기도를 들으시고 옆에 있는 집사님을 통해서 나를 안아주시는구나!’

주님의 마음을 느꼈다. 나의 울음소리는 더욱 커졌다.

몇 달을 그렇게 눈물과 콧물을 흘리며 울었다.

엄마를 용서할 수 있을까?

비염으로 이비인후과 진료를 갔다. 의사 선생님께서 물었다.

"어떨 때 코가 막혀요?"

"울 때요."

"왜 울어요?"

"기도하면서 울어요."

"…? … 기도요?"

'기도하면서 울어요.'라고 말하면서 코끝이 찡하고 눈물이 핑 돈다. 혼자 괜히 서럽다.

　　성인 사춘기를 한참 겪고 있을 때 형님이 김창옥 교수의 <상처와 열등감으로부터 자유로워지기> 강의를 보내 주었다. 강의 내용에 깊이 공감했다.

　　김창옥 교수가 '강의 코칭'을 할 때 한 여성을 만났다. 그 여성은 자기소개를 하는데 경직된 말투와 무표정한 얼굴로 이렇게 말했다.
　　"저는 심리치료사예요. 강의를 잘하고 싶어서 찾아왔어요. 저는 강의 준비를 많이 해요. 제가 이야기를 하면 사람들이 '그래, 너 잘났다'라고 하더라고요. 사람들과 원활한 소통을 하고 싶어서 찾아왔어요. 어떻게 하면 강사님처럼 유연하게 강의를 잘 할 수 있을까요?"
　　"선생님은 아주 조리 있게 말을 잘 하시는데요. 표정과 몸짓이 너무 얼어있고 굳어 있은 것 같습니다. 그것만 해결하면 될 것 같습니다."
　　"알겠어요."
　　그 여성은 지방에서 올라온 진정성이 느껴졌고 무언가 손가락으로 '톡'하고 건드리면 '와락'하고 울음을 터트릴 것 같은 내면아이가 있는 듯 했다고 한다.
　　강의 코칭이 진행되던 어느 날, 그 여성은 자신의 이야기를 들려주었다.
　　"저는 오늘 남편에게도 하지 않은 이야기를 하려고 해요. 제 안에는 열두 살짜리 아이가 있어요. 저는 어렸을 적에 서울 잠실에 살았어요. 제가 열두 살, 남동생이 아홉 살이었지요.

하루는 낮잠을 자는데 꿈에서 귀신이 저를 막 쫓아오는 거예요. 너무 무서워서 자다가 벌떡 일어나서 무조건 뛰기 시작했어요. 이것이 꿈인지 생시인지 몰랐어요. 한강에 빠져서 물이 허리까지 차올랐을 때 엄마가 뒤에서 저를 잡았어요. 엄마는 이게 뭔가 이상하다 생각하시고 굿을 했습니다. 그리고 그 해 여름에 온 가족이 물놀이를 갔는데, 남동생이 물에 빠져서 사망했어요. 그리고 난 후 집안에 분위기가 묘하게 흐르기 시작했습니다."

이 여성은 남동생이 하늘나라로 간 후에 '너 때문에 남동생이 죽었다'라는 분위기가 집안에 퍼졌다고 했다. 자신도 그렇다고 생각하게 되었고 그때 마음이 얼어버렸다. 마음은 얼어버린 채 지식과 몸과 사회적 역할만 자라게 되었다. 일명 성인아이가 된 것이다. '성인아이Adult-child는 어린 시절 상처 때문에 신체적으로는 성인이 되었지만 정신적으로는 성장하지 못하고 과거에 머물고 있는 사람'을 말한다. 이 여성은 이야기를 하면서 "나 울지 말아야지. 잘 참는다."라며 손으로 부채질을 했다. 억지로 울음을 참고 있었다.

"선생님, 선생님. 정말 좋아지시고 사람들하고 소통하려면 울어야 합니다. 그리고 선생님 안에 있는 그 열두 살짜리 아이에게 네 잘못이 아니라고 꼭 말해주세요. 그 아이에게 괜찮은지 물어봐 주세요. 그 아이 꼭 한번 안아주세요. 그래야 선생님이 유연해지고 열등감과 상처에서 자유로워질 수 있을 것 같습니다."

김창옥 교수는 그분을 따뜻하게 안아주었다고 한다. 그리고 몇

주 후에 그 여성으로부터 전화가 왔다.

"안녕하세요. 선생님 저 기억하시지요?"

"선생님, 목소리에 봄이 왔네요."

"저 좋은 일 있을 것 같아요."

"뭔데요?"

"저 수영장 갈 것 같아요."

이 말을 듣는 순간 눈물이 핑 돌았다고 한다. 어릴 적 상처가 있으면 우리는 그 물에 들어가려고 하지 않는다.

"저 이제 일부러 이야기하지는 않지만 필요하면 제 클래스에서 제 남동생 이야기합니다. 강사님 감사합니다. 저도 알고 있었던 사실인데 거기에서 나올 수 있게 도와주셔서 감사합니다."

그때 깨달았다. '내 마음 역시 얼었구나! 마음이 얼음인 상태로 멈추어 버렸어. 몸과 마음과 사회적인 역할만 커진 거야. 그래서 내가 그렇구나! 누군가 나처럼 마음이 얼어버린 사람이 있다니 위로가 된다.' 아픔을 겪은 사람은 아픔을 겪은 다른 사람의 이야기를 들으면 그것이 내 마음속으로 스며들어온다. 아픔 뒤의 슬픔과 분노와 외로움이 고스란히 나에게 느껴진다.

기도드리며 어린 시절을 찾아갔다.

"엄마, 날 사랑해주지 그랬어. 대학 못 보내줘서 미안하다고 말했어야지. 나를 버리고 가버렸어. 나는 어떻게 살라고!"

미친 사람처럼 울음이 터져나왔다. 고통과 분노가 절규로 쏟아져 나왔다. 마치 상한 음식을 먹고 토하는 것과 같았다. 그렇게 울기를 몇 달, 울고 있는 나에게 주님께서 말씀 하셨다.

"너의 엄마는 왜 너에게 그렇게 했겠니?"

'정말, 우리 엄마는 나에게 왜 그랬을까?'

그 순간 엄마의 삶을 알고 싶고 엄마의 마음을 보고 싶다는 생각이 들었다. 그러자 엄마의 삶과 마음이 보였다. 엄마는 위로 큰 언니가 있는 둘째 딸로 태어났다. 두 번째 딸, 엄마 역시 축복받은 탄생이 아니었다. 가난했고 배우지 못했다. 시댁에서 반대하는 결혼을 했고 맏며느리가 되었다. 첫째로 딸인 나를 낳았다. 남편 사랑도 못 받고 시집살이는 심한데 첫째로 딸을 낳은 것이다.

"아, 그렇구나! 우리 엄마도 역시 부모님으로부터 사랑을 받지 못했구나! 따스한 미소도 포옹도 받아 보지 못해서 나에게 줄 수 없었던 거구나! 엄마도 마음이 아픈 거였어. 엄마도 피해자였던 거야."

엄마의 삶이 마음으로 느껴졌다. 엄마의 인생이 불쌍해서 하염없이 눈물이 흘렀다. 나는 지금 이렇게 주님 앞에 나와서 마음이 아프다고 서러워 미치겠다고 울고 있는데, 우리 엄마는 이것조차 하지 못했다.

"우리 엄마, 지금까지 어떻게 살아 오셨을까? 무슨 힘으로 살아온 거야 엄마?

내가 어릴 적 나를 안아주지 않았다고 그렇게 원망했는데, 고등학교 때 이혼하고 집 나간 엄마가 너무 미웠는데, 나를 찾아와도 만나지 않고 숨어 버렸는데… 엄마 마음에도 피가 철철 나고 있었던 거야? 엄마 미안해. 그런 줄 몰랐어."

엄마의 삶을 보고 엄마의 아픈 마음이 느껴져 통곡했다. 밉다고 울었는데, 이제 엄마가 불쌍해서 가슴을 찢으며 울었다. 그리고 외롭게 살아 온 엄마를 마음으로 용서했다.

엄마를 마음으로 용서한 후 다음은 아버지 차례다.

'아버지를 엄마처럼 용서할 수 있을까?'

어디 하나 흐트러짐 없이 빗어 넘긴 머리에 단정하고 엄격한 아버지. 나를 한 번도 안아준 적 없다. 교통사고 이후에 아버지와 같이 밥을 먹으면 나도 모르게 오른 팔이 덜덜 떨렸다. 보일러 물 호스로 나를 때린 아버지를 용서할 수 있을까?

새벽예배 강대상 앞에 나가 무릎을 꿇었다. 상처 받은 그때 말하지 못했던 그때를 찾아갔다.

"아버지는 너무 무서워. 내 눈을 한 번이라도 본 적이 있나요? 나를 한 번이라도 안아준 적이 있나요? 공부하고 싶은 딸한테 대학가지 말라고! 그게 부모가 자식한테 할 말인가요? 낳았으면 책임을 져야지. 엄마가 우리 버리고 갔다고 욕이나 하고, 진짜 짜증나. 이혼하고 누구하고 살 건지 물어보지도 않고 왜 아버지 마음대로 정해요? 이혼할 때 왜 저를 엄마한테 보내지 않았어요? 제가 고등학교 졸업하면 돈을 벌어 올 거라는 아버지 계산 때문이었지요? 나를 사랑해서 그런 게 아니고…. 나를 봐요. 뒤돌아서 등 뒤에 있는 어린 나를 좀 봐줘요. 등 뒤에 사랑받고 싶은 주미가 있어요. 울고 있는 내가 있다고요! 나 아버지 자식, 아버지 딸이잖아요. 나 주워왔어요?"

　엄마에 대한 서운한 감정을 애써 떠올리고 토해낸 경험으로 인해 아버지에 대한 감정을 발산하는 것은 수월했다. 며칠을 실컷 울고 나니 역시 아버지의 삶과 마음이 느껴졌다. 아버지는 배운 것도 없고 가진 것도 없는 집의 큰 아들로 태어났다. 아버지의 아버지도 엄격하고 무서운 분이었다. 아래로 남동생 둘과 여동생 하나를 책임져야 했다. 아버지는 학교도 제대로 다니지 못하고 자신의 꿈이 무엇인지 생각해본 적도 없이 살았던 것이다. 아버지의 삶이 가슴 아파 눈물이 났다. 내 삶이 불쌍해서 미친 사람처럼 울던 내가 엄마와 아버지의 삶에 가슴이 아파 통곡하며 울고 있었다. 아버지 역시 피해자였다.

아버지와 어머니의 성인 사춘기

나의 삶을 책으로 쓰면서 사람들에게 이야기하기 시작했다. 그러다 어느 날 문득 깨달았다. 아버지가 웬 여자를 데리고 와서 이해해 달라고 했을 때 엄마 나이가 스물여섯, 아버지는 서른다섯. 그렇다면 부모님도 나처럼 성인이 되어 사춘기를 겪었다는 것이 된다. 그 생각이 들자마다 굵은 소나기가 오듯 눈물이 후두두 떨어졌다.

'내가 여섯 살 때 우리 아버지도 성인 사춘기를 겪었던 거야. 외롭고 힘들고 무기력하고 아무것도 의욕이 없는 성인 사춘기. 내 마음 나도 모르는 성인 사춘기. 외로운데 왜 외로운지 몰라. 무기력한데 왜 무기력한지 몰라. 허전한 마음을 화투로 달랬던 거야. 불쌍한 우리 아버지 마음에서 피가 나는데 보이지 않아 알 수 없고, 알 수 없으니 치료를 받을 수도 없었던 거지. 몸에 상처가 나면 병원에 가면 되지만 마음은 보이지 않아 알 수가 없어. 지금까지도 그때 감정이 무엇인지도 모르고 살고 계신 불쌍한 우리 아버지.'

초등학교 고학년, 돈가스를 사준다면서 나와 동생을 시내로 데리고 나갔다가 춤추고 돌아온 엄마. 그때 나이 서른여섯이었다.

'우리 엄마, 사랑 표현 한 번 한 적 없는 아버지와 살면서 시집살이까지 했지. 어린 애들 둘을 키우면서 화투 치느라 돌아오지 않는 남편을 기다리는 우리 엄마. 웬 여자를 데리고 와서 같이 살겠다고 이해해 달라는 남편. 오토바이 사고 당한 남편을 3년간 병수발하면서 어린 우리를 키운 엄마.

그 모진 세월을 혼자 얼마나 울었을까. 하나님 앞에 나가서 울었으면 좋았을 것을 맨몸으로 혼자 어떻게 그 고통을 다 견뎠을까? 그러다 삼십대 중반이 되면서 성인 사춘기가 온 거야. 엄마도 나처럼 그랬던 거야!

아버지가 성인 사춘기가 왔을 때 엄마는 어린 우리를 키우며 화투치는 사람들 밥을 해주고 살았지. 그런데 정작 엄마에게 성인 사춘기가 왔을 때 아버지가 그런 엄마를 이해하지 못했고 결국 이혼한 거지. 엄마가 많이 참았구나. 아팠구나! 불쌍한 우리 엄마. 속이 새까맣게 타버린 우리 엄마.'

너무나 아픈 세월을 살아 온 엄마를 생각하니 가슴이 미어진다. 내 마음이 아파서 숨을 쉴 수가 없었다.

치유를 받고 명절이 되었다. 부모님께 어린 시절동안 쌓여있던 감정을 평온하게 모두 말씀 드렸다.

"아버지는 저 어릴 때 남동생 뒷바라지만 하고 저한테 관심 없다고 생각했어요. 남동생에게는 생활비를 꼬박꼬박 보내셨지요. 액수가 부족할 수도 있었을 텐데, 그건 생각도 못했어요. 미용학원 다닐 때 가발을 사야한다고 하니 버럭 화내셨지요. 아버지한테 얼마나 서운하고 화가 났는지 몰라요. 제가 아버지 엄청 미워했어요. 벼리아빠 에티오피아에 있을 때 지독한 성인 사춘기가 왔어요. 제 마음 저도 모르고 슬프고 우울하고 무기력했지요.

처음에는 우울증이라고 생각했어요. 2주 이상 이유 없이 슬프고 아무것도 하기 싫고 먹기도 싫은 저를 보면서 뭔가 잘못되어 간다는 것을 느꼈어요. 도대체 제 마음이 왜 이런지 미친 사람처럼 가슴을 쥐어뜯으며 기도했어요. 몇 달을 울고 난 어느 날 하나님께서 알려주셨어요. 아버지 역시 부모님으로부터 사랑받지 못한 피해자를 사실요. 주머니에 돈이 있어야 다른 사람에게 꾸어줄 수 있듯이 사랑의 감정도 받아본 적이 있어야 줄 수 있다는 것이지요.

아버지는 하나님을 믿지 않으시니 어릴 적 부모님으로 받은 사랑이 전부라고 느끼니까요. 제가 아주 어릴 적 아버지가 다른 여자를 집에 데리고 온 적 있다고 엄마가 말씀하셨어요. 아버지 나이는 서른 다섯이었고, 아버지 역시 성인 사춘기를 겪었던 거예요. 그 허전하고 외로운 마음을 달래려고 화투 치고 다른 여자를 만났다는 것을 주님께서 알려주셨어요."

여기까지 이야기 하고 잠시 멈추었다. 마주 앉아서 이야기 하기가 어색한 아버지는 설거지를 하면서 내 이야기를 듣고 계셨다.

"그렇지! 그때는 사는 게 어려워서 그랬어."

일흔이 가까운 아버지의 뒷모습에 세월의 쓸쓸함이 묻어났다. 내가 어릴 적 무서워했던 아버지는 이제 없다. 오랜 세월 마음의 상처를 품은 채 힘겹게 살아온 한 사람이 거기 있을 뿐이다.

미안하다는 말은 하지 않으셨다. 나에게 앉아서 쉬라고 하고 아버지가 분주하게 움직이시는 모습에서 사랑을 본다. 호랑이처럼 무서웠던 아버지는 내가 이렇게 잘 자랐다며 무척 자랑스러워 하신다. 요즘 나에게 사랑한다고 문자도 보낸다. 아버지와 하트가 가득 담긴 이모티콘을 주고받으며 하루를 시작하는 행복한 날이 많아졌다.

"하나님께 모두 말씀 드리고 나니 하나님께서 아버지의 삶을 보여주셨어요. 아버지도 역시 첫째 아들로 태어나서 하고 싶은 것보다 해야 할 일을 하면서 사셨다는 것을 마음으로 깨달았어요."

이렇게 말씀 드리며 주님께 감사드렸다. 만약 내가 하나님 앞에 나아가 내 안에 쌓여있던 감정들을 미친 듯이 울며 토해내지 않았다면 어떻게 되었을까? 아버지를 원망하는 마음을 평생 가슴 속에 품고 살았겠지. 그 상처는 욱~하고 튀어 나와서 주위 사람들을 아프게 하고 나 자신을 아프게 했을 것이다. 그리고 그 상처는 내가 가장 사랑하는 아이들에게 그대로 대물림 되었을 것이다. 하나님의 은혜로 마음의 상처를 내 대에서 끊었다.

엄마에게도 어릴 때 하지 못했던 이야기를 꺼내놓았다. 엄마가 이렇게 말씀하셨다.

"주미야, 너희들 어릴 때 목행동에 살았어. 엄마하고 아빠하고는 나이 차이가 많이 났고 세대차이가 나서 무척 싸웠어. 그때 네가 여섯 살인가 되었고 동생을 업고 있을 때야. 너희 아빠는 낮에는 아이스크림도 팔고 빵도 팔러 다녔지. 맨날 화투를 치다가 새벽에야 집에 들어왔어. 집이 너무 무서워서 혼자 있을 수가 없는 거야. 그래서 너희 둘을 데리고 집에도 못 들어가고 아랫집에서 너희 아빠를 기다렸지. 집에서 화투를 치면 너희들은 담배연기 자욱한 방 한쪽 구석에서 잠을 잤어. 단칸방에 살았거든. 지금 생각하면 너희한테 미안해서 가슴이 미어진다. 엄마가 화투 치는 사람 밥 다 해먹이고 그랬어. 어떤 날은 아빠가 며칠씩 안 들어오기도 하고, 엄마가 나이가 어려서 애 둘을 낳고 이혼은 생각도 못하고 살았어."

엄마도 이제야 이런 이야기를 꺼내놓으신다. 내가 여섯 살이면 엄마는 스물여섯 살 되었을 때다. 엄마는 아홉 살 차이 나는 남편을 만나서 두 살 터울로 아이 둘을 낳고 살았다. 사랑도 모르고 결혼이 뭔지도 모르는 순수한 우리 엄마.

"하루는 아빠가 포천에 갔다가 며칠 만에 집에 들어왔는데, 웬 여자를 데리고 온 거야. 그 여자하고 의지하고 산다고 하는데 기가 막혔어. 다른 여자하고 산다는데 이해해 줄 사람이 누가 있겠니? 나는 몸은 힘들게 살아도 신경 쓰고는 못 산다고 했지. 그 후로 너희 아빠는 행방불명 되었어. 스트레스를 너무 많이 받아서 엄마가 기절을 했나봐. 깨어나 보니까 손하고 발이 다 묶여서 병원 침대에 누워있더라. 엄마 인생을 책으로 쓰면 몇 권은 될 거야.

네 아버지가 인물이 좋아서 여자들이 줄줄 따랐어. 여자들 때문에 내 속을 얼마나 썩였는지 몰라. 이혼할 때 아빠는 네 동생을 맡고 엄마는 너를 하나씩 키우자고 했어. 학교도 보내지 못할 거면서 너를 주지도 않고 고생시켰지. 너를 나한테 주었으면 어떻게 해서라도 대학 공부 시켰지. 그 당시 엄마도 하루하루가 지옥이었어. 죽지 않고 살아온 게 다행이야. 이혼하고 하루도 우리 딸, 아들 잊은 적이 없어.

주미야 미안하다. 무슨 일이 있어도 참고 살았으면 너희들이 그런 고통은 안 받고 살았을 텐데, 혼자서 생리대도 못 사러 가는 너를 혼자 두고 나왔으니 가슴이 미어진다. 이게 다 내 운명인거야. 너희들한테는 할 말이 없어. 끝까지 지켜주지 못하고 상처만 주었어. 나는 엄마 자격도 없어.”

“엄마, 우리 엄마 얼마나 마음이 아팠을까. 엄마 아픈 이야기 해줘서 고마워요. 엄마도 나름대로 최선을 다 한 거지. 자책하지 말아요. 난 이제 괜찮아요. 세상에 태어나게 해주셔서 감사해요. 과거는 이제 흘려보내요. 흘러가는 물처럼. 엄마도 하나님을 믿고 치유받으면 좋을 텐데.”

“그래 이해해줘서 고맙다. 세상에 나쁜 사람은 없어. 그 사람 편에 서면 그 사람 나름대로 다 고통과 고난이 있는 거야.”

"나의 아버지와 나의 어머니. 외롭고 힘들고 세상이 원망스러웠을 텐데, 그 동안 어떻게 사셨어요? 하고 싶은 일보다 해야 할 일을 하면서 살아야 했지요? 마음이 배고파서 어떻게 사셨나요?

살아계셔 주셔서 감사합니다. 그냥 그렇게 계셔 주셔서 감사해요. 바람피우고 화투치고 서로에게 상처를 많이 남겼지만 그럼에도 불구하고 살아계셔서서 감사합니다.

살아 계시면 기회가 있어요. 살아 계시면 이야기 할 수 있고, 눈을 마주칠 수 있어요. 살아 계시면 안을 수 있어요. 감사해요. 엄마, 아빠 사랑해요."

성인 사춘기로 인해 누군가는 알코올 중독이 되고, 누군가는 쇼핑 중독에 걸려서 포장지도 뜯어보지 않은 물건들이 집에 즐비하다. 우울하고 허전한 마음을 달래려고 매일 낮잠을 자고 밤낮이 바뀌는 생활을 하거나 바람을 피우고, 누군가는 한 직장을 오래 다니지 못한다. 사랑이 배고픈 마음을 채우려고 그렇게 하는 것이다.

감기 걸린 사람을 욕하지 않는다. 측은한 마음이 들고 맛있는 거라도 사주고 싶다. 성인 사춘기는 마음에 걸리는 암덩어리다.

Part 4

치유의 책

《엄마, 가지마》

성인이 되어 겪은 사춘기를 하나님 안에서 아름답게 치유했다. 부모님을 가슴으로 용서했다. 성인 사춘기로 인해 마음속의 크고 쓴 뿌리를 걷어냈다. 그리고 이후 내적 치유 프로그램을 통해서 잔뿌리를 천천히 치유해 갔다.

내적인 불행은 누구나 다 가지고 있다. 우리 부모가 완벽하지 않기 때문이다. 완벽한 부모는 없다. 완전하신 분은 하나님 한 분이다. 그러므로 누구나 실수하고 시행착오를 겪는다. 하지만 내 안에 울고 있는 아이가 있다는 것을 인식하고 그 아이를 달래주는 사람은 지극히 드물다. 나도 그랬다. 성인 사춘기를 겪는 과정에서 내 안에 상처 받은 내면 아이가 있음을 알게 되었다. 그 아이는 사랑 받지 못한 마음의 상처로 인해 피눈물을 흘리고 있었다. 그리고 그 피눈물은 나 자신은 물론, 남편 그리고 아이 모두를 아프게 했다.

마치 거울을 들여다보듯이 자신을 들여다보고 이해하는 것이 치유의 시작이다.

성인 사춘기를 혹독하게 겪고 있을 때, 사모님께서 '성인 사춘기'에 대한 책을 읽어 보라고 하셨다. 여러 권의 책을 사서 보았는데, 그 중에 한권이 《엄마! 가지마!^{주서택 · 김선화 저}》이다. 나는 이 책으로 인해 깊은 위로와 공감을 받았다. 열 권 정도 사서 주위 사람들에게 나누어 주었다. 책 내용 중 내 마음에 울림을 주었던 30대 후반 남성의 일화를 소개한다.

이 남성은 이상하게도 자신이 누구를 깊이 사랑하면 그 사람이 자신을 떠나버릴 것 같은 불안감이 항상 있었다. 이런 불안감은 아내에게 더욱 매달리게 했다. 아들만 둘인데 아이들도 역시 마찬가지여서 집 안에 세 남자가 한 여자에게 매달리는 꼴이 되었다. 아내는 이런 것을 용납하기 힘들어 했다. 어릴 적 남자의 아버지는 결핵으로 오랜 시간 병상에 계셨다. 어머니가 집안의 기둥이었고 생명줄이었다. 두 분은 금슬이 좋으셨는데, 아버지가 화투를 치셨다. 어머니는 "당신이 계속 화투를 치면 집을 나가겠다."고 선언하셨다.

이 남성은 어린 마음에 어머니가 집을 나가지 않도록 항상 착한 아이가 되려고 노력했다. 어느 날 아버지가 또 밤새 화투를 치고 아침에야 들어오셨다. 어머니는 집을 나가겠다고 보따리를 싸셨다. 이 남성은 이불 속에서 어머니의 멀어지는 발자국 소리를 들으며

울고 있었다. 문득 어머니가 배를 타고 다른 동네로 가지 못하게 해
야 한다는 생각이 들었고 나루터로 뛰어 갔다. 나루터에 있는 밧줄
을 잡고 소리쳤다.

“엄마, 가지 마! 엄마, 가지 마!”

“엄마는 간다. 너는 빨리 집에 들어가!”

밧줄을 꼭 잡고 있으니 몸이 점점 강물에 빠져 들어갔다. 강 속에
서 허리춤까지 물에 빠졌을 때 어머니는 뭍으로 돌아와 아들을 안
고 한없이 울었다.

내적치유 강의를 듣던 중 ‘나의 가장 힘들 순간에 주님이 어디 계
셨는지 물어 보라’고 하셨다. 분명히 주님은 그곳에 계셨다. 그리고
주님이 한 손으로 이 남성의 허리를 잡으시고 한 손으로 줄을 잡고
계시는 모습이 보였다. 그리고 주님은 강둑에서 울고 있는 엄마와
소년을 품에 안고 계셨다.

이 남성이 왜 가까운 사람이 나를 두고 떠날 것 같은 불안에 시달
렸는지 이해가 되었다. 이제 이 남성은 소년을 붙들고 있던 주님이
앞으로는 자신 곁에 계실 것이라는 사실을 알게 되었다. 혼자 남겨
질 것 같은 불안이 사라졌다.

나는 혼자라고 생각했다. 중학생 때 엄마가 아버지와 다투고 집
을 나가면 이불 속에 누워서 하염없이 눈물을 흘렸다. 고등학교 때
오는 사춘기? 사춘기는 나에게 사치였다. 중학생 때 엄마가 집을

나가면 혼자 밥을 하고 도시락을 쌌다. 고등학교 진학을 할 때도 혼자 원서를 내고 혼자 시험을 보러갔다. 결혼할 때도 혼자 예단비 보내고 엄마가 아닌 친구와 폐백 음식을 맞추었다. 혼수도 혼자 다 했다. 혼자 알아서 하는 인생이었다. 세상에 홀로 남겨진 듯 외로움이 휘몰아쳤다.

이 책을 읽고 '나의 가장 힘든 순간에 주님이 어디 계셨는지' 물어보라는 말이 가슴을 울렸다.

'물어볼 거야! 주님을 만날 거야!'

주서택 목사님이 인도하시는 내적치유를 지금도 하는지 찾아보았다. 마침 남편이 에티오피아에서 알제리 현장으로 옮기면서 집에서 쉬고 있었다. 2012년 10월 남편과 함께 내적치유 프로그램에 참석했다. 내적치유에 참석 했을 때는 나의 성인 사춘기의 커다란 뿌리를 치유 받은 후였다.

태아 때부터 내 인생을 돌아보는 시간여행이었다. 나는 내가 태어났을 때로 돌아갔다. 딸이었기에 그리고 여러가지 이유로 축복 받지 못했던 탄생의 순간에 주님께서 어디에 계셨는지 여쭤보았다. 엄마는 옛날 비단 같은 예쁜 무늬와 양쪽을 흰 천으로 두르고 무명실로 바느질 한 이불을 덮고 누워 계셨다. 나는 흰 강포에 싸여서 주님이 오른팔로 나를 안고 계셨다. 왼쪽 엄지손가락으로 내 입술을 만지면서 울고 계셨다. 주님의 눈물이 흰 세마포를 입고 계신 옷 위로 뚝뚝 떨어졌다. 나를 보는 주님의 슬픈 마음과 따스한 사랑이 느껴졌다.

“주님, 그 아이가 저예요. 아이 눈을 좀 봐주세요. 따스하게 그 아이와 눈을 맞춰 주세요.”

나는 이렇게 말했다. 하지만 주님이 흘리신 눈물만 주르륵 떨어질 뿐 강포에 싸인 나는 끝내 주님의 눈을 보지 못했다.

저녁에 소모임으로 모였을 때 순장님께 이 경험을 말씀드리니 이렇게 말씀하셨다.

“눈을 마주치기 원하는 마음은 애정에 목말라서였을 거예요.”

그랬다. 따스한 주님의 눈빛이 보고 싶었다. 나의 부모님이 한 번도 보여주지 않은 사랑의 눈빛을 간절하게 원했다. 2박3일 프로그램이 끝날 때까지 주님의 눈빛을 보지 못했다. 엄마가 된 나는 이때의 치유 경험으로 인해 우리 아이들에게 사랑의 눈빛을 자주 보낸다. 그냥 바라만 보고 있어도 예쁘고 자랑스럽고 사랑스럽다.

“엄마, 왜 나를 그런 눈빛으로 쳐다봐?”

“그냥 딸이 좋아서, 예뻐서.”

“정말?”

교사로 유치원 아이들과 생활할 때도 아이와 눈이 마주치면 따스한 미소를 보내주었다. 놀이터에서 신나게 놀다가도 눈이 마주치면 미소와 함께 손을 흔들어 주었다. 내가 이렇게 행복한데 내 눈빛을 받은 아이들은 얼마나 행복할까? 아이들이 얼마나 안정감을 느끼고 사랑을 느낄지, 그 순간 행복이 밀려왔다. 나는 이렇게 따뜻한 사람으로 변했다.

또 다른 장면을 보여 주셨다. 엄마와 아버지가 다투고 엄마가 집을 나갔다. 중학생인 나는 내 방에서 소리 없이 울었다. 그때 주님은 누워서 울고 있는 나의 머리를 쓰다듬어 주고 계셨다.

골목에서 아이들과 놀고 있었다. 나는 마음속으로 '우리 홀수라서 짝이 안 맞잖아? 나 혼자 남으면 어쩌지?' 걱정을 하고 있었다. 그 모습을 주님께서 오른손으로 벽을 짚으시고 보고 계셨다. 내가 마음속으로 한 생각인데도 주님은 걱정하고 두려워하는 내 마음을 알고 계셨다. 나를 바라보다가 고개를 아래로 떨구며 마음 아파하셨다.

나의 삶에 함께 계셨던 주님을 만나며 감사함에 눈물이 흘렀다. 주님이 나를 사랑하는 마음이 느껴졌다. 내가 말을 하지 않고 마음으로만 생각을 품었는데도 주님은 다 알고 계셨다.

'정말 주님이 나와 함께 계셨구나! 비록 서른두 살이 되어서야 교회에 다니기 시작했지만 하나님께서는 항상 나와 함께 계셨던 것이다.'

나는 혼자라고 생각하면서 살았다. 하지만 혼자가 아니었다. 부모님이 나를 지켜주지 못할 때도 주님께서 나와 함께 계셨다.

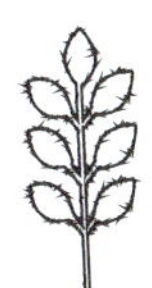

《'자기 사랑 노트》 – 1

2014년에 교회에서 내적치유 프로그램이 있었다. 성인 사춘기를 잘 넘기고 내적치유 세미나를 다녀온 후였다. 내 안에 상처 받은 어린 아이가 있음을 알고 내적치유에 무척 관심이 많았던 나는 이 프로그램에도 참석했다. 김관호 목사님은 내적치유, 인지치유, 공감 소통 대화 강의를 하러 미국까지 다니는 분이다.

'주님, 훌륭한 우리 목사님을 만나게 해주셔서 감사합니다.'

프로그램에는 필독서가 있었는데, 그 중 상처받은 나를 이해하는 데 도움이 된 책을 소개한다.

첫 번째 책은 따스해서 개인적으로 좋아하는 《자기 사랑 노트^{오제은 저, 샨티, 2009}》이다. 내면 아이에게 관심이 있는 사람들과 대화를 하다보면 이 책을 읽은 사람이 많아 깜짝 놀라곤 한다.

지금 성인이 된 사람들 가운데 부모로부터 "네 가슴이 뛰는 삶을 살아라"는 말을 듣고 자란 이가 과연 몇이나 될까? 가슴의 소리를 듣는 일이야말로 신의 음성을 가장 잘 이해하는 길이다. 가슴이 기뻐하는 일, 그것을 하기 위해서 우리가 이 땅에 온 것이라고 나는 믿는다.

부부간에, 부모와 자녀 간에도 대화가 통하지 않고 사랑하는 사람과의 관계에도 문제가 생기는 이유는 서로 간에 가슴이 통하지 않고 있기 때문이다. 사랑하는 그 사람 위에 손을 얹고, 당신의 가슴 위에 그 사람의 손을 얹고, 가슴으로 말하라.

머리가 아닌 가슴으로 살아라. 가슴으로! 매순간 가슴에 대고 묻는 연습이 필요하다. '이 순간 진정으로 원하는 게 뭐지? 가슴아, 내게 그걸 말해주겠니? 그러면 네가 원하는 그것을 위해 내가 최선을 다할게.'

중학생인 벼리와 초등학생인 달이에게 지금까지 한 번도 공부하라는 말을 해본 적 없다. 독서를 중요시 했고 체험학습을 많이 다녔다. 아이들에게 "네 꿈이 뭐니?"라고 질문을 했다.
"무슨 일을 할 때 네 가슴이 뛰는지 잘 보고 가슴 뛰는 일을 하렴. 그것이 하나님이 너희에게 주신 사명이야."

고통 가운데 있는 사람이 가장 듣고 싶은 말은 "당신을 위해 제가 여기 있어요. 당신의 고통을 덜 수 있는 일이라면 무슨 일이든 할 것입니다"

라는 말이다. 그리고 중요한 것은 그 사람에게 '고통이 있음을 알아주는 일'이다. 고통은 누군가가 그것을 알아주기만 하면 전혀 다른 모습, 다른 의미가 된다. 따뜻한 사랑으로 침묵하며 들어준다면 그것은 청산유수의 말보다도 훨씬 큰 치유의 힘을 발휘할 뿐만 아니라 서로를 깊이 연결시켜 준다.

사람들은 누구나 자신의 이야기를 들어줄 사람을 필요로 한다. 고통을 받고 있는 사람이라면 마음을 나눌 사람이 필요하고, 위기에 처해 있는 사람이라면 같이 두려움을 나누어 가질 수 있는 사람이 필요하다. 많은 경우 고통스러운 사건보다 그 고통을 나눌 사람을 한 명도 가지고 있지 못하다는 절대적인 외로움에서 비롯된다. 고통이 공감되면 사람들은 자신의 부정적인 감정을 고백하게 된다. 꽁꽁 담아두었던 분노와 원망을 털어냄으로써 고통은 평화와 기쁨, 겸손과 감사, 희생과 생명으로 바뀌는 것이다.

신혼 초에 살던 아파트에서 우리 아이들과 비슷한 또래를 키우는 친구를 만났다. 남편들도 서로 친하게 지냈다. 그 친구도 나처럼 마음에 상처가 많았다. 그 상처로 인해 친구 남편은 받아주고 이해하다가 어느 순간 한계에 달했고 마음 속으로 끙끙 앓았다.

어느 날, 친구는 집을 떠나 잠시 치유 프로그램에 참여한다며 짐 옮기는 것을 부탁했다. 나중에 알고 보니 남편에게 다른 여자가 생겼고, 친구는 그 집을 떠난 것이었다.

오랜 시간이 흘러 친구와 대화를 했는데, 그 남편 역시 당시 성인 사춘기를 겪고 있었던 것을 알고 놀라워 했다. 그때 알았더라면 하는 안타까움이 밀려왔다.

친구가 힘들어 할 때마다 이야기를 들어주었다. 어릴 적 비슷한 아픔을 겪었기에 함께 공감하며 눈물을 흘렸다. 덕분에 그 친구는 지금 씩씩하게 잘 살고 있다. 하나님께서 나를 통해 친구를 살리신 것이다. 진심으로 이야기를 들어주는 한 사람만 있으면 살아갈 수 있다.

고통은 죄의 결과도 아니고, 이유 없는 극기 훈련도 아니었다. 고통의 자리는 곧 치유와 성장의 자리였다. 나는 존과의 경험을 통해 상처와 고통이 많은 사람일수록 남의 고통을 자신의 것처럼 느끼고 함께 아파할 수 있으며, 나아가 치유의 통로가 될 수 있다는 고난의 역설성을 알게 되었다.

고통이 많은 사람일수록 남의 고통을 자신의 것처럼 느끼고 함께 아파할 수 있다. 나는 이와 관련된 가슴 찡한 경험을 했다. 강의를 들으러갔는데 강사가 30분 늦는다고 해 자기 소개하는 시간을 가졌다. 한 여성분이 말했다.

"저는 장애가 있는 아이를 키우고 있어요. 생활비를 아끼고 아껴서 먹을 것 안 먹어가면서 살았어요. 그러던 어느 날 제가 암에 걸린 거예요. 어린 아이를 친정 부모님께 맡겨놓고 암 수술을 하러 가면서 이렇게 살다가 죽을 수는 없다는 생각이 들었어요. 제 자신이 너무 불쌍해서 미치겠는 거예요.”

‘나도 그랬는데….’ 가슴이 찡해왔다.

‘나처럼 삶에 아픔이 많은 사람이구나! 지금 외롭고 고통스러운 가운데 있구나!’

그 분의 한마디 한마디가 나에게 들어와 공명이 되었다. 화장실 앞에서 그분을 만났다.

“아까 진실함과 용기의 미덕으로 아픈 이야기를 해주셔서 감사해요. 저에게 큰 울림이 있었습니다.”

그분은 나의 이야기를 듣고 놀라며 내 손을 잡아주었다. 몇 마디 나누었을 뿐이지만 서로의 마음에 상처 입은 치유자의 메아리가 울리고 있었다.

또 나는 알콜중독자 남편 상담을 온 아주머니에게 이런 처방을 내려 주었다. 새벽 기도에 다니느라 그동안 남편을 집 안에 혼자 남겨두는 일이 많았으니, 앞으로는 기도 시간을 반으로 줄여 남편과 시간을 함께 보내라고 했다. 그리고 기도 제목도 바꾸라고 했다.

“남편이 달라지게 해주세요.”라고 기도하지 말고, “남편의 아픔을 내 가슴으로 느낄 수 있게 도와주세요”라고 두 손을 가슴 위에 대고 기도하도록 했다.

중독은 상처로부터 비롯된다. 중독에서 벗어나려면 그 상처를 먼저 치유해야 한다. 상처를 치유하는데 가장 좋은 것은 한없는 사랑과 이해이다. 사랑하는 사람에게 가장 좋은 선물은 그 사람의 이야기를 들어주는 것이다. 그 사람의 눈을 바라보는 것이다.

아버님이 생각났다. 아버님은 며느리를 앞에 앉혀 놓고 몇 시간씩 자기 이야기를 하셨다. 다리가 저려도 일어나지 못했다. 일어나면 불같이 화를 내셨다. 화를 내면 어떤 일이 벌어질지 모른다. 아버님을 피하려고만 했다. 사실 아버님은 외로웠던 것이다. 눈빛을 나누며 이야기를 들어주면 되는 거였는데 말이다. 아버님의 상처를 치유하는데 가장 좋은 방법은 한없는 사랑과 이해였다!

온 우주는 서로에게 반응하게 되어 있다. 모든 사물을 살아있는 존재로 대해보라. 만나는 사물마다 인사를 하고 뭐라고 하는지 들어보라. 마치 자석이 달라붙기라도 하듯이 곧바로 반응이 올 것이다. 나무를 바라본다는 것은 그저 나무 한 그루만을 보는 것이 아니다. 바람도, 햇볕도, 새소리도, 하나님의 숨결까지도 그 나무속에 깃들여 있다는 것을 진심으로 느낄 수 있어야 그것이 진정 나무를 보는 것이다.

오늘도 등산을 하고 왔다. 봄이 움트는 요즘 산은 생명으로 가득하다. 치유 받은 후 사물과 동물들과 대화를 한다. 꽃과 나무와 풀들에게 인사를 한다.
"안녕, 나 오늘 또 왔어. 요즘 밤에 많이 추운데 지낼 만하니?"

"추운 겨울을 용케 잘 참고 견뎠구나! 정말 대견하다. 넌 어쩜 이렇게도 예쁘니?"

"커다란 돌아. 넌 어떻게 해서 산에 있게 되었니? 궁금하다."

"하나님은 노란 개나리, 분홍 진달래, 초록 새싹을 어떻게 만드셨어요? 정말 근사해요. 감사합니다."

내면의 소리를 듣고 마음의 장단에 맞춰 춤을 춰보라. 특히 어린 시절 깊은 마음의 상처로 인해 억눌려 있거나 무의식 깊숙이 남아 있는 분노의 앙금이 신체에 영향을 끼쳐 나타나는 정신 신체적 문제를 치료하는 데 확실한 도움을 준다. 댄스 테라피는 서로 분리되어 있던 몸과 마음의 영혼을 연결시켜 전인적인 조화를 이루도록 돕는다.

나는 집단 상담 프로그램을 진행할 때 댄스 테라피를 이용해 참석자들로 하여금 음악과 율동으로 몸과 대화를 시도하도록 이끈다. 어린아이처럼 마음껏 춤추고 뛰어노는 가운데 몸과 마음의 긴장을 풀고 영혼을 고양시켜 무의식 세계에 숨어 있는 상처를 끌어내 치유하도록 하는 것이다. 우리가 할 일은 다른 사람의 장단에 맞춰 살던 삶을 중단하고 자기만의 장단과 가락을 찾는 것이다. 자기 장단을 찾기 어려운 이유는 다른 사람을 의식하기 때문이다. 그것은 마치 내 장단이 아닌 아버지의 장단에 맞춰서 살고, 세상의 장단에 맞춰서 사는 것과 똑같다. 그런 삶이 행복할 리 없다.

《자기 사랑 노트》 - 2

분석심리학자과 심리치료사들의 연구 결과에 의하면, 우리가 어린 아이였을 때 부모가 어떻게 대했는가, 그리고 어떻게 사랑해 주었는가에 따라 자신에 대한 자존감과 인간관계 형성 방식을, 그중에서도 특별히 사랑을 주고받는 방법을 학습하게 된다고 한다. 이것은 자신의 '출생 이야기'와 아주 밀접하게 연관되어 있다.

나는 딸이었기 때문에 태어나면서부터 부모의 기쁨이 되지 못했다. 사람들은 나를 외향적이고 호탕하게 보지만 사실 타인의 시선을 많이 의식하며 살았다. 사람을 좋아하지만 어떻게 지내야 하는지 몰랐다. 친밀감을 좋아하면서도 친밀감이 두려웠다. 언젠가 교회 집사님과 이야기를 나누었다.

"저는 제 아픈 이야기를 다른 사람에게 잘 못해요."

"네가 마음을 먼저 줘야 상대도 너에게 마음을 주지"

그렇구나! 외로움의 진실은 내 마음을 보여주지 않아서였구나!

나는 감당하기 어려운 일이 생기면 침묵의 시간을 갖는다. 어느 정도 시간이 흐른 후에야 말을 할 수 있다. 이런 내가 이상하다고 생각했다. 치유 프로그램 중에 '자신이 말로 할 수 있다는 것은 그 문제를 이길 힘이 있다는 것이다'라는 것을 배웠다. 문제가 생겼을 때 침묵의 시간을 갖는 것은 괜찮다고 했다. 침묵의 시간을 갖는 중이면 침묵의 시간 중이라고 상대방에게 말하면 된다. 힘들다고 말 못하는 내가 이상한 것이 아니었다.

아이는 부모가 자신을 돌보던 방식으로 자신을 돌보게 된다. 자신의 독특성을 포기한 채 가족 체계가 원하는 역할을 감당하면 할수록 그 사람은 의존적이 되어 있다고 할 수 있다. 나의 가족이 과연 얼마나 순기능 혹은 역기능 가족이었는지 진단해 보자.

첫째, 나의 부모가 나를 임신하고 약 7세가 될 때까지 나를 위해 어느 정도나 준비되어 있었는지, 특히 어머니의 눈을 통해 내가 어머니의 감정 상태를 어떻게 경험하였는지를 알아보는 것이 중요하다.

둘째, 그 당시 부모의 부부 사이가 어땠는지도 중요하다. 부부 사이가 나쁘면 나쁠수록 자식인 나에게 끼치는 영향은 역기능적이라고 할 수 있다.

셋째, 부모가 강압적이고 완고하며 권위주의적일수록, 나의 가족은 역기능적으로 되었다고 할 수 있다. 넷째, 부모에게 그리고 외부적인 것들에 의존적이면 의존적일수록 자기 내면의 욕구대로가 아니라 거짓된 자아, 즉 상처 입은 내면아이를 품은 채로 성장한 성인 아이가 되었을 가능성이 크다.

부부사이에 미해결 과제가 있을 때 자녀가 그것을 떠맡게 되는데, 이것이 '역할'이다. 부모가 부모 역할을 제대로 수행하지 못할수록, 부부 사이가 나쁠수록, 부모가 자녀를 위해서 준비되어 있지 않으면 않을수록, 그리고 자녀를 소중하게 대해주지 않으면 않을수록 자녀는 여러 가지 역할을 맡게 된다. 자녀는 역할과 자신을 동일시하게 되고, 자신의 진정한 모습을 잃어버리게 된다. 역기능 가족에서의 자녀의 역할은 희생양, 잃어버린 아이, 마스코트, 영웅, 문제아, 대리 배우자, 어린 부모, 어린 왕자나 공주의 역할을 하게 된다.

아버지는 내가 초등학교 저학년 때 오토바이 교통사고를 당했다. 병원에 3년 있었고 어머니는 집과 병원을 오가며 우리를 키웠다. 가난했고 애정 없는 부모는 물건을 집어 던지며 싸웠다. 가정불화가 생기면서 나는 엄마의 역할을 대신했다. 부부싸움 후 엄마가 집에 안 들어오면 내가 아침밥을 하고 도시락을 쌌다. 누가 시키지도 않았는데 그냥 그렇게 했다. 부모님이 이혼하고 난 후에는 '고등학생'과 '엄마의 빈자리를 채우는 사람'의 두 가지 역할을 했다. 사춘기나 대학입시는 사치였다. 할아버지가 돌아가셨을 때 엄마를 대신해 3

일상을 치렀다. 나는 없었다. 희생양, 잃어버린 나의 어린 시절, 어린 부모, 그것이 나였다. 어린 시절을 어린 마음으로 살지 못하다 보니 사람들과 마음을 주고받기가 어려웠던 것이다.

중독은 상처로부터 비롯된다. 치유되지 않은 상처를 끌어안고 살면서 많은 사람들이 알코올이나 일로 그것을 잊고자 하는 경우를 본다. 중독의 뿌리는 어린 시절에 부모님과의 '관계'로부터 꼭 받아야 했지만 받지 못해서 충족되지 않은 욕구와 미해결 과제로 인해 비롯된다. 자기 내면의 공허함을 다른 외부의 것에 의존하고자 하는 '관계'에 있어서의 '의존'의 문제인 것이다. 중독의 핵심은 '병리적 의존 관계'이다.

동반 의존은 나 자신의 실체를 잃어버린 정신 질병의 한 형태로 내가 아닌 다른 사람이나 외부의 반응에 초점을 맞추고 반응하며 행동하게 된다. 자신의 내적 세계가 약하면 약할수록 수치심과 자기 비하심을 내면화하면서 외부적인 것들에 강박적으로 의존하고 다른 사람들의 주위를 끌어 자신을 그들에게 꼭 필요한 존재로 만들려고 애쓴다. 그래서 때론 다른 사람들의 관심과 사랑을 받기 위해서라면 물불을 가리지 않고 달려든다. 경제적인 성취감이나 강한 직업을 선택하거나 녹초가 될 정도로 일에 몰두한다. 자신의 정체성이 외부 물질 활동과 다른 사람들에게 있다고 믿기 때문이다. 동반 의존은 결국 자신의 실체가 없는 정신적인 파산 상태로 치닫게 한다.

소름이 끼친다. 이렇게 자세히 그리고 정확하게 나의 상태를 설명하고 있다니. 결혼 전 다닌 직장에서 나는 일중독자였다. ‘일이 체계적이지 않다, 부장님은 일을 하나도 몰라 답답하다’ 불평을 하면서도 어려운 일이 맡겨지면 희열을 느꼈다. ‘이런 어려운 일을 내가 처리하니까 회사에서 나에게 함부로 못하겠지? 어때요. 저 소중한 사원이지요?’ 이런 마음이었다. 부모로부터 받지 못한 사랑을 많은 일을 짊어짐으로써 채우려 했던 것이다.

지금의 내가 과거의 나의 모습을 본다. 마음의 상처로부터 중독이 생긴다. 중독을 겪어 보았기 때문에 상처로 인해 중독된 사람들이 이제 보인다. 그리고 그들을 보면 내 마음이 찡해온다.

고통에 맞닥뜨리게 되면 그것으로부터 어떻게든 도망치려 하거나 묻어 두려고 발버둥치지만 사실 고통을 극복하기 위해서는 먼저 고통으로부터 도망치는 일부터 중단해야 한다. 용기를 가지고 가장 부드럽고 따뜻하게 고통을 대면하여 제대로 알아주고, 그것을 드러내는 일이야 말로 고통으로부터 벗어날 수 있는 길이다.

치유를 한다는 것은 꽁꽁 묶어 둔 여러 가지 마음을 애써 찾아가는 것이다. 어떤 사건과 사고로 인해 쓰레기 더미로 가득찬 내 마음을 찾아가 만나는 것이다. 상처 받았던 그 자리에 찾아가서 따스하게 바라보고 이야기를 들어주는 것이다. 얼마나 아프고 외로웠는지 마음껏 표현하는 것이다. 지금의 내가 상처받은 아이를 사랑의 눈으로 마음을 열고 들어 주면 된다. 성인의 내가 어린 나의 이야기를 들어줄 수 없다면 내가 했던 것처럼 주님 앞에 나아가 진실하게 토해 내면 된다.

내 마음 속을 찾아가서 만나는 이 과정은 아프고 고통스럽기 때문에 대부분의 사람은 하지 않는다. 치유하고자 하면 하나님께서 도와주신다. 나는 이것을 알지 못했다. 마음이 쓰레기가 가득찬 물이 되고 가족들의 마음을 할퀴어 피가 철철 나고서야 치유를 시작했다. 쓰레기 물이 된 마음을 가슴을 찢으며 통곡했다. 솔직한 내 마음을 모두 하나님께 말씀 드렸다. 그 과정에서 상처 받아 피 흘리고 있는 나의 마음과 대면했다.

《마음에도 길이 있다》-1

《마음에도 길이 있다김진 저, 창지사, 2012》는 제목 글이 마음에 와닿았다. 제목만으로도 수많은 사건들이 스쳐 지나갔다. 나는 즐거울 때도 마음껏 즐기지 못하고 뒤이어 올 불행을 생각했다. 행복이나 기쁨은 좋지만 어쩐지 나와는 어울리지 않는 것만 같았다.

인간의 정신세계에도 비교적 잘 이용하는 길이 있고, 거의 이용하지 않아 잡초가 무성하여 길이라 볼 수 없는 길도 있다. 인간의 정신의 길 중 제일 쉽게 잘 가는 가장 넓은 길로 '억압-눌러두기, 전치-옮겨 놓기, 투사-자기 밖에 내던지기, 합리화-둘러대기, 동일시-자기 것으로 삼기'가 있다. 그 외에 부정, 보상, 반동형성, 격리, 저항 등이 있다. 이는 정신분석학에서 '방어기재'라고 한다.

정신세계는 열린 의식과 닫힌 의식으로 구성되어 있다. 열린 의식은 자기의 정신세계 중 현재적으로 알고 있는 또는 의식하는 부분으로, 자기가 의식적으로 통제 할 수 있는 부분이다. 닫힌 의식은 자기의 정신세계 중 현재적으로 알지 못하는 또는 의식하지 못하는 부분으로, 자기가 의식적으로 통제할 수 없는 부분이다.

닫힌 의식은 이미 잘 닦여 있는 익숙한 길들로 훨씬 잘 가는데 이것을 '정신의 길'이라고 한다. 우리의 정신이라는 것이 우리를 위하여 적절한 길로 가기보다는, 부적절한 길을 가면서 우리의 삶을 심각하게 왜곡하는 경우가 훨씬 더 많기 때문이다. 인간의 정신은 자신도 모르게 자신의 통제를 받지 않고 스스로 움직이는 경향이 있는데 이때 본인의 삶의 왜곡을 야기 시키는 경우가 많다.

닫힌 의식인 정신의 길. 부적절한 길을 가며서 삶을 왜곡시키는 경우가 많다. 왜곡의 안경을 쓰고 세상을 보게 한다.

억압-눌러두기

인간은 미숙한 상태로 태어나므로 전적으로 부모나 성인의 도움에 의지해서 살아가야 한다. 그러한 인간에게 억압은 인생을 시작하는 인간으로서 가장 쉽게 이용할 수 있는 정신의 가장 넓은 길이다. 자기보다 힘 있는 사람 앞에서 자기의 감정, 생각, 충동 등을 우선 눌러 놓고 보는 데서 많이 찾아 볼 수 있다. 우리 정신은 우선 억압의 길로 간 후에 그 다음에 다른 길을 이용하는 경향이 아주 강하다고 할 수 있다. 억압은 자기 방어나 보호를 위한 이기적인 경우가 훨씬 많지만, 자기 욕구를 철회하는 경우와 같이 상대방을 배려하는 이타적인 목적을 위해서 일어나기도 한다. 억압은 자기 정체성 발달에 지대한 영향을 미치는데, 억압이 깊으면 깊을수록 그만큼 자기를 모르게 된다고 할 수 있다. 억압은 다른 무엇보다도 정신적인 또는 내면적인 성숙의 문제에 관련되어 있다. 그것은 정신적 발달을 가로막게 되어있다.

인간은 동물들과 달리 태어나자마자 걸을 수 없다. 누군가가 먹을 것을 주어야 생명을 유지할 수 있기에 살기 위해서 억압을 한다는 것이다. 가난하니까 참고, 딸이니까 참고, 맏이니까 참고, 부모님 이혼했으니까 참았던 나. 사실은 가난하니까 하고 싶은 것을 억압했다. 딸이니까 갖고 싶은 것을 억압했다. 맏이니까 나보다 어려운 가정 형편을 먼저 생각하고 억압했다. 부모님이 이혼했으니까 엄마의 빈자리를 대신하며 철모르는 딸의 모습을 억압하고 살아온 것이다. 어린 시절을 이렇게 보낸 탓에 누군가 나에게 원하는 것을 물어보면 정말 원하는 것을 말하기보다 두 번째로 원하는 것을 말하는 경우가 많았다. 상대방이 거절하면 거절하는 말투와 눈빛이 어색해서 어떻게 해야 할지를 몰랐다. 거짓 웃음을 지어보이기도 했다. 정말 원하는 것이 아닌 두 번째 것을 말했기 때문에 거절당해도 마음의 상처를 덜 받을 것 같았기 때문이다.

분노와 억압

분노를 담는 그릇이 다 채워져서 찰랑찰랑한 상태에서 배우자로 인해 한 방울의 분노가 유발되었을 때 어떤 일이 일어나는가? 한 방울만 흘러넘치는 것이 아니라 그릇이 뒤집어지면서 그동안 쌓였던 분노를 한꺼번에 쏟아 붓게 된다. 우리는 무한정 분노를 참아낼 수 없다. 계속 억압을 하다보면 어느 순간 폭발하게 되어 있다. 이점이 분노와 억압에 대해 생각할 때 제일 먼저 강조하고 싶은 점이다. 화를 다루는 것은 쉽지 않다. 화가 나는 것은 감정 영역인데 화를 적절하게 풀어가는 것은 이성 영역으로, 이 두 영역이 겹쳐지기 때문이다. 그러므로 화가 났을 때 '당신이 그렇게 하니까 내 마음이 불편하다', '마음에서 화가 난다', '화가 좀 난다'라고 적절하게 표현해야 한다.

　적절하게 감정을 표현할 줄 몰랐던 나는 아이를 키우면서 분노가 터져 나왔다. 내가 컨디션이 좋지 않은 상태에서 아이가 먹던 물을 쏟는 등 작은 일에도 화가 부글거리며 올라왔다. "엄마가 그렇게 하지 말라고 했지. 엄마 말 안 들어서 그래. 엄마가 말 했어 안 했어?" 아이의 작은 실수를 풍선처럼 부풀려 혼을 냈다.

　직장 생활을 하면서도 문제가 되었다. 갈등이 생겼을 때 바로 적절하게 표현하지 못했다. 내 감정은 돌보지 않은 채 상대편의 입장에서 '무슨 일이 있어서 그랬겠지'라고 애써 상대편을 이해하려 했다. 그 상황과 내 솔직한 마음을 왜곡하고 꽁꽁 싸맨 후 돌멩이로 만들어 마음 깊은 곳에 숨겨 두었다. 꽁꽁 싸매 마음속에 숨겨 두었던 돌들이 쌓이면 감정의 쓰레기 물이 찰랑찰랑해진다. 이때에 작은 일 하나가 생기면 마치 화산이 폭발하듯 감정의 돌멩이와 바위 덩어리들이 터져 나왔다. '내가 지난번에도 참아줬잖아. 그럼 잘 해야지. 나를 무시하는 거야?' 하며 성난 사자처럼 이빨을 드러내고 발톱을 세우며 달려들었다. 남들은 이런 내 안에 썩은 감정들을 모른 채 "성격이 밝다. 성격 좋다"는 말을 했다.

인간관계에서 주로 억압을 사용하는 사람들의 경우를 보면, 그들은 외형적으로 사람을 만나기는 하지만 진정한 의미의 만남은 가지지 못하는 경우가 대부분이다. 만남을 통해서 갈등, 오해, 분노, 미움, 논쟁, 싸움, 이해, 고백, 용서 등이 일어나며 이를 통해 삶과 사람에 대해 실제적 앎을 가지게 되는데, 이러한 앎이 결핍되면서 인생을 지혜롭게 살아가는 것에서 멀어지게 된다.

'정신적으로 끝내 표현되지 못한 억압된 분노는 최종적으로는 몸으로 표현된다.' 바로 '화병'이다. 억압은 현재적 자기로 숨을 쉬지 못하게 한다. 일상생활에서 제일 빈번하게 탈 억압을 경험하는 경우는 술 취한 상태이다. 왜 인간은 억압 시스템이 켜져 있는 상태로 살게 될까? 아마도 자기를 보호하기 위해서일 것이다.

내적치유 프로그램에 참석하면서 '몸이 아파 마음이 병들고 마음에 병이 있어 몸으로 나타난다'는 나름대로의 결론을 내렸다. 몸이 어딘가 아파오면 내 마음 속에 가라 앉아있던 무엇이 원인은 아닐까? 생각해보게 된다.

'술' 하면 아버님이 제일 먼저 떠오른다. 시댁 주방에서 설거지를 하고 있으면 아버님이 조용히 들어오셨다. "아버님. 뭐 드려요?", "아니. 뭐….." 하시며 머그컵에 소주를 반 정도 부어 벌컥벌컥 소리가 나도록 드셨다. 설거지를 다 끝내고 형님들과 앉아서 이런 저런 이야기를 하다보면 아버님께서 또 주방으로 들어오셨다. 이번에도 머그컵에 소주를 따라 드시고는 김치 한 조각 입에 넣고 안방으로 가신다. 이렇게 몇 번 술을 드시고 나면 거실에서 늘 텔레비전을 보시던 자리에 앉으셨다. 잔뜩 오른 술기운으로 얼굴은 붉게 달아오르고 고개를 아래로 떨군다. 눈을 치켜뜨시며 집안에 있는 사람들을 둘러보신다.

"얘. 막내야. 너 여기 앉아봐." 하면 심장이 요동을 친다. 아버님은 나를 앞에 앉히고는 그동안 서운했던 이야기를 마구 쏟아낸다. 대답은 "네"여야만 한다. 한 시간이 지나 다리가 저려 와도 절대 일어설 수 없었다. 아니 일어서면 안 된다. 아버님 말씀 하시는데 방해가 되지 않도록 손으로 다리를 주물러 가면서 "네"라고만 대답했다.

혹시 "그게 아니고요."라는 말이나 말대답을 했다가는 어떤 일이 일어날지 아무도 감당하지 못한다. 나에게 아버님은 두려움의 대상이었다. 어머님께서 일찍 돌아가셨기 때문에 아무도 아버님의 그런 행동을 막을 수 없었다. 되도록 아버님에게서 멀리 있고 눈에 띄지 않는 것이 최상이었다.

내적치유를 하면서 아버님의 알코올 중독에 대해 알고 싶어졌다.

'분명 아버님도 사랑 받지 못해서 그럴 거야.'

형님께 아버님의 어린 시절은 어땠는지 여쭤보았다. 아버님은 아래로 여동생이 한 분계셨는데 아버님이 어릴 적에 돌아가셨다. 아버님이 열살 즘 아버지께서 돌아가셨다. 홀로 아들을 키우는 어머니는 힘들면 어린 아들의 머리채를 휘어잡았다고 한다.

'역시 그랬구나. 아버님 역시 부모님으로부터 사랑받지 못했구나! 형제도 없이 혼자서 얼마나 외로웠을까.'

가슴이 찡하게 아파왔다. 내 마음을 들여다보고 치유하기 시작하니 아버님의 아픈 마음도 보이기 시작했다.

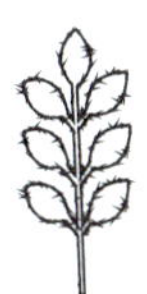

《마음에도 길이 있다》- 2

전치 - 엉뚱하게 옮겨 놓기, 성급한 일반화의 오류

전치는 과거의 것에 대한 태도를 현재의 것에 옮겨 놓아 현재의 것을 엉뚱하게 '과거의 것에 대한 태도'를 가지고 대하게 하는 것이다. 즉, 전치는 상대가 사람이든 사람이 아니든 진정한 그로서 바르게 보지 못하게 한다. 전치 현상을 분석해 보면, 인간 정신의 무모한 행보에 대해 귀중한 깨달음을 가지게 된다. 본질적으로 전혀 관계없는 것들을 관계 짓고, 전혀 인과관계가 없는 것에 인과관계성을 만들어내는 것이다.

그러기에 우리의 정신을 무의식적으로 신뢰하여 정신이 가는 대로 자동적으로 따라가서는 안 되는 것이다. 정신이 길을 제대로 가는지 주의를 기울여 감시하고 제대로 가도록 돌봐야 하는 대상으로 아는 자세가 강력히 요청된다.

나는 심각한 전치를 가지고 있었다. 그것은 바로 '질문에 대해 대답을 했음에도 불구하고 반복적으로 같은 질문 받으면 욱하고 화가 나는 것'이다. 했던 말을 여러 번 반복하는 것에 뭉텅뭉텅 에너지가 소모되는 것이 눈에 보이듯 느껴졌다. 이유는 중학교 때 엄마가 집을 나가면 만나는 사람들마다 "엄마 집에 들어왔어? 밥은 누가 해 먹니? 엄마 연락되니?"라는 질문을 해서 그렇다. 나를 생각하고 안쓰러워서 한 질문이었지만 그 말을 들으면 가슴이 털컹하고 내려앉았다. 싸늘한 기운이 온몸 가득 퍼짐을 느꼈다. 나는 질문 받는 대신 누군가 나를 따뜻하게 안아주고 함께 울어주길 바라고 있었다.

영향력이 큰 전치는 주로 자신에게 중요했거나 중요한 사람으로부터 일어난다. 그 관계의 성격이 긍정적이거나 부정적인 것에는 관계가 없다. 모든 인간에게 가장 중요한 사람은 부모, 그 중에서도 어려서부터 많은 시간을 같이하는 어머니이다. 인간관계를 할 때 상식적으로 생각할 때 상대방이 나를 특별히 좋아하거나 싫어할 이유가 없는데 지나친 호불호의 감정을 보이면, 상대방이 보이는 감정에 그대로 반응할 것이 아니라, 전치일 수도 있음을 생각해 볼 수 있는 지혜를 발휘할 수 있으면 좋겠다.

투사 – 자기 밖으로 내던지기, 자기중심성과 이기심

투사는 사실은 본인이 이미 화가 나 있는데, 마치 상대방이 뭔가를 잘못해서 화를 낸다는 식으로 행동하는 것이 보통 평범한 인간의 모습이다.

투사는 광의의 의미로는 '자기 것을 자기 밖으로 내던지기', 협의의 의미로는 '자기 것을 자기 밖으로 내던져 타인의 것으로 여기는 것'이다. '자기 안'이란, 자기 정신세계로 거의 닫힌 의식이 세계이다. 자기 밖으로 내던져지는 것이 자기 것임에도 내던져지는 행위가 자기도 모르게 이루어지기 때문에, 내던져 밖에 있는 자기 것을 자기 것인 줄 모른다. 결과적으론 마치 자기 것이 아닌 타인의 것으로 여기게 된다. 우리나라 속담에 '똥 묻은 개가 겨 묻은 개를 나무란다.' '방귀 뀐 놈이 오히려 화를 낸다.'는 전형적인 투사이다.

"주미야. 너는 대학 가지 말고 여자 상업고등학교에 가. 졸업하고 바로 취업해서 운동하는 네 남동생 뒷바라지 해. 우진이가 가슴에 태극기를 달면 우리 집안이 산다. 살아. 딸은 살림 밑천이야."

엄마의 말에 가슴에 답답함이 밀려와 숨을 쉴 수가 없었다. '딸은 살림 밑천이라고? 나는 사람이 아니고 살림의 일부란 말인가? 나는 도구야? 그래서 사랑하지 않는 거야?'

하지만 정작 엄마에게는 아무 말도 하지 못했다. 뒤돌아 눈물만 흘렸다. 가난, 불화 등 여러 가지 집안 사정을 잘 알았기 때문이다. 그래서 늘 배움에 대한 목마름이 있었고 시간을 허투루 보내면 안 된다고 생각했다. 아침에 일어나 하루에 해야 할 것들을 계획했다. 혹시 아이들이 갑자기 아파서 병원에 가야 되면 '병원까지 얼마나 걸리지? 사람이 많으면 진료 받고 집에 오는데 두 시간은 걸릴 텐데 그러면 책 읽으려했던 계획에 차질이 생기잖아. 아! 짜증나!' 내 안에 이런 목소리가 들렸다. 하고 싶은 것을 하지 못하는 상황이 억울하고 화가 났다. 화난 감정을 품은 상태로 아이와 병원에 가니 아이가 "엄마. 우리 어디 병원 가?"라고 물어도 대답을 하지 않거나 통명스럽게 대했다. 그것은 사실 아이의 잘못이 아니었다. 아이가 아파 병원에 가야 하는 상황도 잘못된 것이 아니었다. 그 상황을 바라보는 내 마음이 문제였던 것이다. 어릴 적 하고 싶은 것, 말하고 싶은 것을 꾹 참아왔기 때문에 항상 나 자신에게 화가 나 있었다. 언제 끓어오를지 모르는 화산을 가슴에 품고 살아왔던 것이다.

불안과 투사

자기 얼굴이 못생겼다고 생각하는 사람은 다른 사람이 자기를 쳐다보면 자기를 비웃는 눈길이라고 생각할 수 있다. 자기 자신에 대해 열등감이 많은 사람은 남들이 뒤에서 이야기하는 소리가 마치 자기에 대해 수군거리는 것처럼 느껴질 수 있다. 열등감은 불안과 밀접히 연결되면서 투사되는 경우가 많다.

초등학교 시절 남동생은 배우 신성일 씨 아들 강석현의 어릴 적 모습과 많이 닮았다. 내가 봐도 잘생겼다. 반면 나는 못생겼다. 게다가 일곱 살쯤 되었을 때 내 머리에 이가 있다며 엄마가 머리를 짧게 잘라 주었다. 깡마르고 키가 큰데다 머리까지 짧고 검은 얼굴의 나를 친구들은 '남자'라고 놀렸다.

유치원 선생님이 "얘들아, 오늘 놀이를 할 건데 남자는 이쪽 여자는 저쪽에 서보자.”라고 했다. 나는 여자 쪽으로 갔다. 그러자 아이들이 나에게 “야, 너 남자잖아. 저쪽으로 가.”

“아니야, 나 여자야.”라고 소리치며 눈물을 보였다. 초등학교 동네 친구들은 나에게 “네 남동생은 잘 생겼는데, 너는 왜 그렇게 못생겼니? 친 누나 맞아?”라고 물었고 나는 “몰라.”하며 토라졌다.

남동생은 달리기를 잘했다. 운동회가 있는 날이면 계주 선수로 나가서 앞의 주자를 추월했다. 남동생은 운동회의 마지막인 계주를 화려하게 장식하면서 ‘얼굴도 잘생기고 달리기도 잘하는 학교의 영웅’이 되었다.

그 영웅은 집에서 “누나는 옥상에서 떨어진 메주래요. 메주래요.”하면서 놀렸다. ‘정말 나는 못생겼어. 남동생은 잘 생겼는데 나는 왜 이렇게 못생겼을까? 나는 정말 다리 밑에서 주워왔나 봐.’ 눈물이 주르륵 흘렸다. 지금 생각하면 웃어넘길 수도 있는 말을 그때는 외모 열등감에 빠져 있었기 때문에 정말 그런가 보다 하며 쓸쓸하게 눈물 흘리곤 했다.

억압된 분노는 닫힌 의식을 뛰쳐나올 기회를 엿보다가 당사자에게 가지 못하는 경우 자기에게 해를 끼치지 못할 만만한 사람을 만나면 투사되는 경향을 가지고 있다. 겉치레는 자신의 내적인 열등감 등이 투사되어 나타난다. 위선에도 투사가 들어있다. 이를 그림자 투사라고 한다.

‘비록 내가 처음 시작은 좋은 뜻으로 하였지만, 나는 완전히 순수하거나 완전히 이타적일 수 있는 존재가 아니다. 언제든 세속적인 욕심에 유혹을 받을 수 있는 존재이다.' 라는 의식을 가동시키는 사람은 자기의 부정적인 모습이 나타날 때 이를 빠르게 인정하여 열린 의식에 올려 놓는다. 그만큼 부정적인 자기 모습이 그림자로 남지 않을 가능성이 높다. 이렇듯 자기 수양을 쌓아 그러한 본성의 세력에 맞서는 힘을 점차 키워갈 수 있기는 하지만, 완전히 극복할 수는 없다. 사람은 자기가 아니라, 남을 바라보게 되어 있다. 자연적으로 그렇게 되기 때문에, 자신을 반성하고 성찰하려는 능동적이고 의지적인 노력이 없이는 투사는 극복되기 어렵다.

합리화 – 둘러대기

행동을 일으키는 실제 이유 대신에 그럴듯하게 다른 이유를 대는 정신적 현상 또는 정신의 길이다. 자신이나 상대방에게 자신이 부정적이지 않게 받아들여 질 수 있는 '그럴듯한' 이유를 댄다.

합리화는 거의 무의식적으로 일어나기 때문에 행동하게 된 실제 이유를 모르는 채 지나가게 된다. 합리화를 의식한다는 것은 그런 행동을 하게 한 부끄러운 실제 이유를 들여다보는 것이다. 때문에 이기적인 마음의 저항을 받아 의식하지 못하게 처리하게 되는 것이다. 합리화도 사실적 측면에서 거짓말이지만, 거짓말하고 다른 점은 거의 무의식적으로 일어난다는 것이다. 경우에 따라서 합리화를 하는 동시에 스스로 합리화했음을 알게 되기도 하고, 한 직후 바로 알게 되는 경우들도 있다. 하지만 더 많은 사람들은 합리화를 한 후 자기 성찰 없이 아무런 일이 없었다는 식으로 넘어간다.

　나는 어릴 적부터 갈등이 일어날 것 같으면 불편한 상황이 싫어서 진심을 포장지로 감싸고 그럴듯한 이유를 댔다. 웃으며 "아니요. 저는 괜찮아요."라고 말했다. 포장하며 살다보니 내 자신이 이중적인 모습이 역겹게 느껴지기도 했다. 원래의 나와 포장된 나의 차이는 점점 커졌다. 이 차이가 어느 선을 넘으면 정신병이라고 볼 수 있을 것 같다. 나는 여러 가지 방어 기재와 함께 억지로 합리화 하다가 서른 다섯에 한계에 다다른 것이다.

　남편은 갈등에 대해 "두 명 이상 모이면 두 가지 의견이 나올 수 있어요. 갈등은 당연해. 그래야 발전이 있지. 갈등은 괜찮은 거예요."라고 말했다. 갈등은 불편한 것이고 피할 수 있으면 피해가는 것이라고 생각하는 나와는 전혀 다른 남편의 모습이 긍정적이라는 생각이 들었다. 하지만 지금은 나 역시 갈등을 부드럽게 해결하는 과정에서 상대방을 알게 되고 관계를 발전시킬 수 있다고 생각한다.

동일시 - 자기 것으로 삼기

동일시는 의지가 동반된 동일시도 있고, 의지가 동반되지 않은 가운데 보고 배운 것들을 자기도 모르게 닮아 자기 것으로 가지는 동일시도 있다. 사람들에게 일어나는 동일시 현상은 후자의 경우가 훨씬 많다.

　'(자신을 누군가로) 여기는 동일시'는 크게 둘로 나눌 수 있다. 첫째는,

자신이 모르고 있는 자신의 모습을 자기의 것으로 동일시하는 것이다. 진정한 자신의 모습을 모르고 있는 사람에게 그것을 깨닫게 하여 자기 모습으로 여기게 하는 경우이다. 두 번째는 사실은 자기의 모습이 아닌 데 자기의 모습인 것처럼 여기는 경우이다. 자신의 모습을 부끄러워하여 억압하면서, 괜찮을 것이라 생각되는 자기 것이 아닌 다른 사람의 모습을 채택하여 주의 사람들에게 보이는 것으로 청소년들이 유명한 스타 흉내를 내는 것이다. 이럴 경우 그러한 청소년의 심리를 어느 정도 인정해 주면서 외면적 모방만이 아니라 올바른 정신적 가치를 동일시할 수 있도록 부모가 좋은 인격을 보여 주는 것이 효과적이다.

사람들이 누군가에 대해 험담을 하면 험담을 당하는 사람의 입장에서서 대변하는 경우가 종종 있다. '이 상황에서 내가 험담을 당하는 사람을 대변할 필요는 없는데, 그러면 험담 하는 사람이 무척 불편할 텐데….' 알면서도 나는 그렇게 했다. 어릴 적 가족 구성원 중에서 나는 약자이자 소외된 사람이라는 생각이 무의식에 자리 잡고 있었다. 그늘에 가려진 사람의 마음이 얼마나 아픈지, 외로운지 알기에 험담 당하는 사람의 입장에서 열심히 대변을 했던 것이다.

《몸에 밴 어린 시절》

'몸에 배다'는 것은 '여러 번 겪거나 치러서 아주 익숙해지다'라는 뜻이다. 《몸에 밴 어린 시절W.휴 미실다인 저, 가톨릭출판사, 2006》에서 저자는 이렇게 말한다.

더 잘하기 위해 노력해야 한다고 생각하는 완벽주의

완벽주의 자들은 어린 시절 부모에게 인정받기 위해 늘 지금보다 더욱 잘하려 애를 쓰고 큰 성과를 내고도 그것에 만족할 줄 모른다. 자신을 과소평가하는데서 안도감을 찾으며 늘 더 많은 노력을 기울이고자 한다. 완벽주의자들은 개별적으로 일하는 지적이거나 창의적인 분야로 몰리는 경향이 있다. 완벽주의 자들은 자신과 경쟁하고 자신을 다그치고 끊임없이 만족하지 못하는 성향을 만들며, 이런 식으로 자신에 대한

지나친 요구를 자신에게 조차도 숨기려 한다. 다른 사람보다 자신이 뛰어나다고 생각하고, 별로 노력하지 않는 사람들을 마치 자기보다 못한 사람인 듯 업신여긴다.

결혼 전 자취를 할 때 마트에서 장을 보고 쓰레기봉투에 담아 낑낑 거리며 집에 돌아왔다. 냉장고에 콩나물과 두부를 넣다가 생각 났다. '아차. 계란을 안 사왔구나! 바보야. 한꺼번에 다 사왔어야지. 마트에 또 가야 하잖아.' 나는 이런 식이었다. '좀 더 잘했어야지. 이 게 뭐야? 한 번에 완벽하게 끝내지.' 내가 내 편이 되어주지 못하고 더욱 잘하라고 채찍질을 했다. 마치 부모님의 사랑을 남동생보다 더 받으려고 애쓰는 초등학교 때처럼 말이다.

꾸물거리는 태도를 버리지 못하는 강압

강압으로 인한 증상은 불만으로 인한 만성적인 피로에 시달린다. 또한 하루의 목표를 달성하지 못하면 자신이 무능력하다고 생각한다. 고질 적인 무능력으로 인하여 불안감을 느끼며 자신이 가치 없는 존재로 느 껴진다. 공상하느라 시간을 낭비하거나 뚜렷한 이유 없이 목표를 달성 하지 못한다. 이러한 문제를 남의 탓으로 돌리려하며 '아무 일도 해내 지 못한' 핑계를 찾아내어 자신과 다른 사람들에게 해명하려 한다. 부 모의 끊임없는 지시에 대해 자녀들이 유일하게 사용하는 무기이자 저 항은 미루고 꾸물대는 행위이다.

당신이 요구가 많고 충동적인 사람이라면 유약

 강압과 유약은 서로 반대되는 태도인데도 그 결과는 종종 한 사람에게 함께 발견된다. 유약은 발끈 화를 내며 자동차를 빨리 모는 등 충동적으로 행동한다. 가치 없는 일이나 활동에 줄기찬 노력을 쏟으며 당신의 뜻을 따라주지 않을 때 그것이 당신을 사랑하지 않는 증거라고 생각한다.

 나는 남편에게 지나치게 요구가 많은 아내였다. '내 마음대로만 하고 싶은 병'에 걸려 있었다. 남편은 첫 아이를 낳고 혼자 목욕 시킬 줄 모르는 아내를 위해 근무 중에 짬을 내어 아이 목욕을 함께 시키고 다시 직장으로 돌아가는 자상한 사람이었다. 하지만 나는 남편에게 아내가 아니라 마치 사춘기 큰 딸처럼 행동했다. 감정 기복이 심하고 내 말을 들어주지 않으면 발끈 화를 내고 토라져 말을 하지 않았다. 결국 남편은 더 이상 해줄 수 없어서 나를 떠난 것이다.

당신이 지루해하고 진득하게 견뎌내지 못한다면 방임

방임적인 부모들은 자녀가 물건이나 도움을 요청하기 전에 그것을 가져다가 바친다. 그로인해 방임을 당한 자녀는 지루해하고 귀찮아하며 참여하는 활동들에 충분히 관심을 기울이지 못한다.

늘 불평을 하고 진정한 목표를 세우거나 목표를 향해 나아가지 못하고 목적의식 없이 헤매면서 다른 사람의 도움에만 의존하려 한다. '인생을 재미있게 살아갈 수 있도록 자신을 이끌어 줄 사람'을 찾는다. 자신이 노력을 기울여야 하는 일이라면 그것이 무엇이든 간에 불가능하다고 생각한다. 외로워하며 불만스러워하고 안절부절 못한다. 자신은 손가락 하나 까딱하지 않으면서 다른 사람들이 자기를 위해 모든 것을 해주기를 바란다. 지나치게 방임적인 부모 슬하에서 자란 사람들은 직장을 자주 옮기고 연애 상대나 배우자도 자주 바꾼다.

당신이 항상 자신의 건강에 대해 걱정해야 한다면 심기증 (건강 염려증)

심기증이 있는 사람은 자신이 병에 걸렸다거나 아니면 걸릴 것이라고 생각되는 조짐을 믿기 때문에 자신을 조심스럽고 부드럽게 대한다. 그들은 몸이 조금만 이상해도 불안감에 휩싸여 크게 과장하며 강장제나 각종 알약을 먹는다. 약을 먹음으로 자신이 걸렸다고 생각하는 병이나 상습적인 피로감을 막아가면서 자신의 신체기관이 정상으로 기능을 발휘하는지 염려한다. 심기증이 있는 사람은 성장해서도 어린아이로 머물며 자기 부모와 똑같이 불안해하고 두려워하는 태도로 자신을 대한다. 그 결과 자신은 노동, 성생활, 여가 등을 해낼 수 없다고 생각하며 포기해 버린다. 심기증은 사람을 무기력하게 만든다. 그들은 몹시 아프고 허약하고 피로하다고 느껴 '아프다'는 구실로 결근을 자주하고 업무를 해내지 못하며, 사회 활동에 만족스럽게 참여하지 못한다.

당신이 계속해서 과거사에 대해 보복하고자 한다면 응징

응징은 부모가 반복되는 자신의 개인적 적개심과 공격적 감정을 끊임없이 드러내어 자녀를 지나치게 엄격하고 단호하며 가혹한 태도로 대하는 것이다. 자녀에게 욕설과 매질을 퍼부으며 "이게 다 너 잘 되라고 하는 일이란다.”라고 소리 높여 말한다.

　아버지와 함께 밥을 먹을 때 손을 덜덜 떨던 아이. 잘못한 일이 있으면 보일러 물 호수로 때린 아버지. 아버지와 둘이 살 때 아버지 차가 도착하는 소리가 나면 불을 끄고 자는 척했던 아이. 아버지가 멀리 떨어져 있어야 안심이 되었다. 그런데 내적치유를 하면서 무섭게만 느껴졌던 아버지의 다른 면을 알게 되었다. 아버지는 엄하셨지만 폭력을 휘두르거나 폭언을 하지 않으셨다. 어린 시절을 쭉 더듬어 보아도 아버지는 술에 취해 집에 들어온 적이 없다. 아버지 엄했던 것이지 자식을 함부로 대한 것은 아니라는 것을 깨달았다.
　나의 감정이 치유하지 않았다면 늙어 힘 빠진 아버지에게 보복이라는 것을 했을지도 모르겠다. 자식이 친부모를 구타하거나 살해하는 사건이 혹 이런 과거의 상처로 인한 응징이 아니었을까? 이런 소식을 접할 때마다 내 마음 한쪽이 시리고 아파온다.

당신이 소속감이 없고 소속되기 어렵다는 생각이 든다면 방치
주체성이 결여되어 있고 불안과 고독으로 심한 고통을 받는다. 방치의 징후를 암시하는 실마리는 부모의 사망, 이혼, 입원 등 특히 어머니와 떨어져 지낸 별거를 들 수 있다. 만약 어린 시절에 방치를 경험했다면 당신은 누군가가 당신에게 부족한 것은 무엇이든 공급해 주기를 기대하면서 이 사람 저 사람으로 옮겨 다니게 될지도 모른다. 어린 시절에 방치에 의해 상처 받은 사람은 흔히 다른 사람을 착취하는 사람이 되기

쉽다. 남아 아이의 경우 이 같은 착취 성향에 의해 좀도둑이나 건달이 되는 수가 있다. 방치 환경에서 성장한 어린이들은 비양심적이라는 점을 많은 연구자들이 지적하였다.

당신이 애써 자신을 고립시키려 한다면 거부

거부는 자녀를 받아들이지 못할 존재요 원치 않는 짐이며 성가신 말썽의 근원으로 여기고 대하는 부모의 태도이다. 거부의 기원으로 가장 보편적인 문제는 어머니의 불행한 결혼생활이다. 자녀를 거부한 어머니들의 집단에 대한 한 연구는 95%의 어머니들이 자기 남편에게 실망했다는 사실을 보여주었다.

거부당한 사람은 사랑받고 인정받기를 절실하게 필요로 하기 때문에 그리고 어떠한 사랑의 제안도 진지하게 받아들일 능력이 거의 없기 때문에 만족스러운 결혼생활을 영위하는 데 큰 어려움을 느낀다. 자신의 행복과 상대방의 행복의 표현에 아주 열중하게 된다. 그 열기가 조금이라도 식으면, 그것이 거부당한 사람에게는 지난날에 겪은 거부의 재현으로 오해되고 상처 받고 적개심을 품게 된다.

남편과의 사이 좋은 결혼생활에 감사를 드린다. 만약 성인 사춘기가 왔을 때 교회에 다니지 않았다면 어떻게 되었을까? 내 마음이 왜 우울한지 왜 아무것도 하기 싫고 눈물만 나는지 이유도 모른 채 아버지처럼 화투 치고 엄마처럼 춤을 추러 다니지 않았을까? 하나님의 도우심으로 성인 사춘기의 대물림을 내 대에서 끊어냈다.

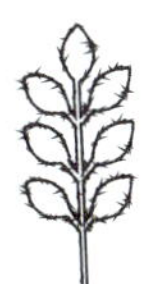

《나를 사랑하는 자존감》

《나를 사랑하게 하는 자존감이무석 저, 비전과리더십, 2011》은 여러 가지 열등감의 원인을 알아보고 해결 방법을 제시했다. 저자는 이렇게 말했다.

열등감은 '나는 못난이야 나는 무능해' 그래서 사람들이 자기를 무시할 것이라고 생각하는 것이다. 열등감은 매우 주관적이며 독선적이고 이러한 독선적인 열등감은 인생을 수치심과 패배감으로 채우고 무기력하게 만들어 정신 질환을 일으키기도 한다. 즉 열등감은 '자신을 어떤 시각에서 보느냐'하는 관점의 문제이다. 다윗이 골리앗과의 싸움에서 이길 수 있었던 것은 다윗이 신앙으로 인하여 승리자의 관점을 가질 수 있었기 때문이다.

지난 날 나의 마음 중심에 무엇이 있었는지 되돌아보았다.

'혼자, 왜 나만, 초라한, 불쌍해서 미치겠다.'

내가 교회에 나가기 전에도 하나님은 늘 나와 함께 계셨다. 혼자 있는 것이 두려웠던 아이는 이제 혼자 있어도 괜찮은 어른으로 성장했다. 중요한 것은 다른 사람이 나를 어떻게 보느냐가 아니라 내가 나를 어떻게 보느냐 하는 것이다. 또한 하나님께서 나를 어떻게 보느냐 하는 것임을 가슴 깊이 깨달았다.

골리앗은 이스라엘 군에게 각자 진영에서 한 명씩 나와 일대일로 싸우자고 한다. 진 쪽이 이긴 쪽을 종이 되어 섬기자고 제안한다. 사울 왕과 이스라엘 군은 골리앗의 제안을 듣고 무서워 벌벌 떤다. 아무도 그와 싸우겠다는 사람이 없었다. 골리앗은 키가 295센티 거인에 노련하고 훈련된 특수병이다. 전쟁에 나간 형들에게 볶은 밀과 빵을 건네 주러간 다윗이 이 말을 듣고 자신이 싸우겠다고 한다.

"제가 아버지의 양을 지킬 때 사자나 곰이 와서 양 새끼를 물고 가면 제가 가서 사자와 곰의 입을 찢어 양 새끼를 구했습니다. 그 놈들이 저를 공격하면 그 놈들의 수염을 잡고 내리쳐 죽였습니다. 저는 하나님의 종입니다. 하물며 살아계신 하나님을 모욕한 저 골리앗이 문제겠습니까? 그 놈도 제가 죽인 짐승들처럼 될 것입니다. 하나님께서 반드시 저를 지켜주실 것입니다."

이 말은 들은 사울 왕은 다윗에게 "주님께서 너와 함께 계시길 빈다."며 자신의 갑옷을 입히고 투구를 씌운다. 하지만 몸이 작은 다윗은 갑옷과 투구를 쓸 수도, 칼을 찰 수도 없었다. 다윗은 맨 몸으로 주머니 속에 돌멩이 다섯 개와 막대기, 물매를 가지고 나간다. 양치기 소년 다윗과 청동 투구와 비늘 갑옷으로 무장한 거인 골리앗의 싸움. 다윗은 물매에 돌을 넣고 던져 골리앗의 이마를 맞춘다. 투사 골리앗은 땅바닥에 얼굴을 박고 쓰러진다. 개미 한 마리와 사슴벌레와의 싸움과도 같은 말도 안 되는 싸움에서 다윗이 승리했다. 다윗이 이길 수 있었던 이유는 자신을 열등감이 아닌 승리자의 관점에서 보았기 때문이라니!

자존감이란 자신에 대한 스스로의 평가이다. 사람들이 자신을 평가하는 것은 자기 가치감과 자신감이다. 자존감이 지나치게 낮을 때 열등감이 생긴다. 같은 고졸이라도 자존감이 높은 사람은 떳떳하고 당당하지만 열등감을 가진 사람은 수치스럽고 창피하게 여긴다.

자존감이 높은 사람은 자기 신체에 대한 만족도가 높다. 자신의 눈, 코, 체중을 마음에 들어 한다. 다른 사람의 감정을 파악하는 공감 능력이 높아서 상대방의 평가에 객관적이고 합리적으로 대처할 수 있으며 대인관계가 원만하다. 자신감이 있고 변화에 잘 대처하는 좋은 리더가 된다. 미래에 대해 희망적이기 때문에 성공 경험도 많이 한다.

유아기의 부정적 경험을 통해서 형성된 열등감도 바꿀 수 있다. 조건에 상관없이 자신을 좋아해주고 인정해 주는 경험을 반복하면 낮아진 자존감을 회복할 수 있다.

자존감을 높이기 위한 나만의 몇 가지 방법이 있다. 아침에 눈을 뜨자마자 나를 포근하게 안아준다.

"주님. 간밤에 잘 잘고 일어나게 해주셔서 감사합니다. 주님 사랑합니다."

자리에서 일어나기 전에 나를 토닥토닥 해준다.

"주미야. 사랑해. 사랑해. 지금 이 모습 그대로 괜찮아."

세수를 하면서 거울을 보고 말한다.

"나는 내가 좋다. 나는 내가 좋다. 주미야. 넌 이 세상에 한 명뿐인 소중한 사람이야. 너는 위대한 일을 할 거야. 나는 너를 믿어. 넌 할 수 있어. 사랑해."

우리 힘으로 어쩔 수 없는 것에 대한 열등감은 외모 열등감과 집안 열등감이 있다. 외모 열등감을 가진 사람들은 유별나게 타인의 시선을 의식한다. 남의 거울에 비친 나를 나로 착각하지 말자. 세상에는 깨진 거울, 찌그러진 거울 더러워진 거울도 있다. 깨진 거울에 비친 깨진 당신의 모습만 보지 말고, 당신을 비추어 주고 있는 거울이 온전한지 아닌지를 평가해보자.

나는 못생긴 아이라는 생각으로 살았는데 요즘은 사진 찍는 것을 즐긴다. 지인들은 "언니는 사진 진짜 잘나와."라고 한다. '내가 사진 잘 나온다고? 그러고 보니 내 표정이 참 많이 변했다.'는 생각이 든다. 마음을 치유하면 얼굴도 예뻐지는 것인가? 서랍장을 정리하다가 결혼 전 회사 사원증을 발견했다. 가느다란 갈매기 눈썹에 날카로운 눈매 그리고 진한 장미색 립스틱을 바른 표정 없는 얼굴이 무섭다.

집안 열등감. 무식하고 가난한 아버지, 불행한 집안에 대한 열등감을 극복하려면 자신의 불행했던 과거를 다른 시선으로 볼 수 있어야 한다. 어려운 현실이 현재의 자신이 되기까지 긍정적인 요소로 작용했음을 기억하며 감사하는 마음을 가진다.

피해 의식과 열등감의 응어리가 마음 속에 자리 잡고 있을 때는 세상 모든 것이 다 원망스러웠다. 그러한 감정들이 다 해결되었다고 볼 수는 없지만 커다란 쓴 뿌리는 뽑아냈다.

어려웠던 현실이 현재의 내가 되기까지에 긍정적으로 작용한 것은 무엇일까? 나는 가정 형편 때문에 물건을 아껴 쓰는 습관이 생겼다. 치약은 끝까지 짜서 사용하고 그래도 나오지 않으면 중간 부분을 가위로 잘라서 알뜰하게 사용한다. 부모님과 서울 구경을 해본 기억이 없다. 엄마가 된 후 아이들과 함께 서울 5대궁과 전시회 등을 다닌다. 어릴 적 부모님과 나들이 경험이 부족했던 것. 그로인해 내가 부모가 된 지금 아이들과 많은 경험을 함께 하는 현실. 무엇보다 과거의 내 삶을 돌아보고 치유한 이야기를 글로 쓰는 지금이 참 감사하다.

과거의 경험 때문에 생기는 열등감은 다음과 같다.

첫 번째로 능력과 열등감이다. 자존감의 근거를 능력에다 두는 사람들의 문제는 능력이 감퇴되었거나 경쟁자에게 추월당했을 때 자신을 무가치하게 보는 데 있다. 유년기에 패배 경험은 없는지 성찰하고 분석해 볼 필요가 있다. 완벽하지는 않지만 부족한 부분을 노력으로 채우며 산다면 그것이 건강한 인생이다.

두 번째로 가난과 열등감이다. 가난하다는 것은 불편할 뿐인데 수치심과 열등감을 느끼는 경우도 많다. 남이 가진 재산이나 달란트를 부러워하고 좌절감을 느끼는 것이다. 자기 달란트를 개발하고 키우는 것이 효과적인 열등감 극복법이다. '남의 손의 사과는 더 붉게 보인다.'는 속담도 있다. 그러나 내 손안에 있는 사과의 가치를 소중하게 생각하고 키우는 사람은 높은 자존감을 유지할 수 있다.

나는 중학생 때 마당이 있는 주택에 살았다. 대문은 녹슬고 대문을 연결하는 부분이 떨어져 잠기지 않았다. 대문 옆에는 재래식 화장실이 있었다. 화장실에 창문은 구멍만 나있지 창이 달려있지 않았다. 사춘기 소녀였던 나는 화장실을 사용할 때마다 앞집 2층에서 나를 볼까봐 불안했다.

뒷마당에 수도가 있었다. 부엌문을 열고 나오면 있는 뒷마당 수돗가에서 사춘기 소녀는 샤워를 해야 했다. 커튼도 없고 파티션도 없는 무방비 상태의 그 곳에서 말이다. 내 방에서 창호지 달린 방문을 열면 보이는 벽돌 건물의 2층집. 내 방에서 그 집에 사는 고등학생 오빠의 방 창문이 보였다. 슬레이트 지붕의 우리 집이 부끄러웠다. 벽돌 건물에 깨끗한 내 방과 샤워실이 있는 집에서 살고 싶었다.

'내 손 안에 있는 사과의 가치를 소중하게 생각하고 키워라.'

중학교 때 친구의 집은 어땠던가. 한 친구는 일곱 식구 대가족이 방 2칸에 살았다. 아들 한 명에 딸이 다섯 명이었는데 두 칸 방에서 어떻게 살았을까? 우리집처럼 재래식 화장실을 사용했고 샤워실은 없었다. 한 친구는 공장 안에 집이 있었다. 부모님은 공장 옆방에서 생활하셨다. 공동 화장실을 사용했고 친구는 언니와 함께 이층 방에서 생활했다. 이층에는 방만 있을 뿐이었다. 곰곰이 생각해보니 당시의 환경이 좋진 않았지만 보통은 된 듯하다.

세 번째로 학벌 열등감이다. 인간에게는 두 개의 현실이 있다. 하나는 실제적 현실이고 다른 하나는 심리적 현실이다. 실제적 현실은 객관적 현실이고 심리적 현실은 마음이 만들어낸 주관적 현실이다. 사람의 마음을 지배하는 것은 실제적 현실이 아니고 심리적 현실이다. 정신과에서는 치료를 받으러 온 사람에게 일기 쓰기를 권하기도 한다. 일기는 사건, 사건으로 인해 생긴 감정과 떠오른 생각, 마지막으로 합리적 비판과 수정 행동이며 이것을 '인지행동 치료'라고 한다. 매일 꾸준히 반복하면 열등감에 의해 왜곡된 사고가 합리적으로 변한다. 극복 경험을 반복하다 보면 치유가 일어나게 돼 있다. 또한 자신을 학벌 한가지로 평가하지 않고 전체적으로 평가하는 것이 필요하다.

전교에서 혼자만 대학을 가지 못한 아이. 아이 둘을 낳고 엄마가 되었음에도 여전히 학력이 부끄러웠다. 마치 무도회에 가고 싶어 애가 탔던 신데렐라처럼 그 열등감을 해소할 기회가 왔다. 아이는 전문대에 이어 4년제 대학까지 다녔고 그토록 바라던 병설유치원 시간제 기간제 교사가 되었다. 결핍으로 인한 열등감을 건강하게 회복한 것이다.

네 번째로 자존감을 추락시킨 실직이다. 실직이라는 스트레스가 인간에게 주는 영향은 엄청나다. 국가의 실업률이 증가하면 국민의 사망률도 상승한다. 심장질환과 자살로 인한 사망률이 높아진다. 실직자는 증오심과 억울함 그리고 불확실한 미래에 대한 공포에 가까운 걱정을 하게 된다. 저자는 정신과 의사로서 이렇게 충고한다. 이번 게임에서는 진 것입니다. 그것을 인정하고 다른 게임을 창조적으로 준비합시다. 그리고 눈높이를 낮추어서 적응하는 훈련도 해 봅시다. 실직으로 인한 아픈 경험을 능동적으로 극복하고 나면 스스로 자랑스럽게 느껴지고 자존감은 더욱 높아진다.

다섯 번째 성폭행은 자존감을 무너뜨린다. 어릴 때 성폭행을 당한 사람들은 남에게 아쉬운 소리를 못하거나 역설적으로 성생활이 난잡해지는 이들도 있다. 저자는 이렇게 말해준다. "자학하지 마십시오. 이 일의 책임은 전적으로 가해자에게 있습니다. 당신의 잘못이 아닙니다. 인생의 많은 피치 못할 불행한 사건 중 하나를 당한 것뿐이라고 생각하십시오.

그 이상도 , 그 이하도 아닙니다. 이 일로 더 이상 손해 보지 맙시다.”
여섯 번째 왕따 경험과 열등감이다. 낮은 자존감을 가진 사람들의 심리
를 분석해보면 ‘모든 사람들에게 사랑받은 때 까지 나는 행복할 수 없
다’고 믿고 있다. 그러나 이런 생각은 잘못된 생각이다. 나를 싫어하는
사람은 그냥 싫어하게 놔두자. 상황이 바뀌거나 그의 생각이 달라지면
사과하고 돌아 올 수도 있다. 그의 감정은 그에게 맡기고 우리는 우리
의 인생을 부족하지만 사랑하며 살자.

왕따를 직접 경험한 것은 아니지만 학창 시절에 친구들과 살갑
게 지내지 못했다. 마음 한 구석에는 ‘나는 부모님 사이가 좋지 않
아. 배부른 하소연하는 친구야. 너는 아니? 지금 내 심정을! 아니
절대 모르지. 겪어보지 않았으니 절대 몰라.’라는 생각을 했다. 사
실은 내가 친구를 나와 다르다고 생각하고 거리를 두었던 것이다.
그러면서도 늘 마음 한 구석에서는 친구가 나를 좋아했으면 좋겠다
는 생각을 했다. 누군가 나를 퉁명스럽게 대하면 그것이 불편해서
엄청난 에너지를 썼다. 그렇다고 직접적으로 “네가 나를 피하는 것
같은데 무슨 이유가 있니?”라고 물어보지도 못했다. 모든 사람에게
사랑받으려고 눈치를 많이 보았다.

누구나 자존감을 높일 수 있다. 나를 보는 용기가 필요하다. 자신에 대
한 관점이 부정적이기 때문에 열등감이 생긴다. 열등감은 자신의 능력
을 실제보다 더 낮게 보는 관점의 문제이다. 자신에 대한 관점은 유년

기 경험이 좌우한다. 인간 자체로서 당신은 소중한 존재다. 한 인간으로서 자기 가치를 인정받는 경험을 하면 유년기에 잘못 형성된 자기 인식이 변한다. 이런 경험은 치유적 경험이다. 보통은 사랑하는 사람을 통해서 이런 경험을 할 수 있다. 목사나 성직자, 정신 치료자를 통해서도 이런 경험을 할 수 있다.

자존감을 회복시키는 방법으로 자기 위로가 있다. 정신분석가 코허트 박사는 이 기능이 정신 건강을 유지하는 데 필수적이라고 했다. 자기 위로 기능은 어릴 때 생긴다. 위로 기능이 강한 사람들은 인생의 어려움에 부딪쳤을 때 절망하지 않는다. 우울한 감정도 비교적 빨리 회복된다. 잠시 슬픔에 빠지지만 오뚝이처럼 금방 일어나는 사람들은 자기 위로 기능이 강한 사람들이다. 이런 사람들은 어려울 때마다 부모의 따뜻한 위로를 충분히 받은 사람들이다. 강한 자기 위로 기능을 가진 사람은 남도 잘 위로 한다. '괜찮아. 잘 될 거야. 이보다 더 어려울 때도 넌 잘해 왔잖아. 걱정 마. 잘 될 거야.'

'자기 위로'에 좋은 방법이 있다.

아이에게 화를 버럭 내고 나면 곧 후회가 밀려온다. '조금만 참을 걸 그랬다. 애한테 이렇게 버럭 소리를 지르고도 내가 엄마야?'라며 괴로워했다. 마음에 해결하지 못한 상처 많은 엄마였기 때문인지 작은 일에도 화가 치밀었다.

요즘은 그런 상황이 오면 그 자리를 피해 잠시 놀이터에 나갔다가 오거나 화장실에 들어가 심호흡을 한다. 감정은 2분이 지나면 떠난다고 한다. 2분을 참지 못해 욱하고 화를 내는 것이다. 2분만 참으면 된다고 생각하면서도 막상 화나는 상황을 되면 이성은 사라지고 감정을 쏟아내고 만다.

이럴 땐 이미 일어난 상황에 대해 스스로를 자책하기보다는 하나님 앞에 그때의 상황과 감정을 솔직하게 자백한다. 하나님은 우리가 자책하며 괴로워하는 것을 원치 않는다. 그것이 어렵다면 심호흡으로 감정을 내려놓은 후에 '나와 대화하기'를 해본다.

"주미야. 아이에게 화를 버럭 내고 나니 많이 속상하지?"

"아이가 징징거리면서 계속 우니까 짜증이 밀려왔어. 사실 내가 감기로 몸이 좋지 않았거든."

"그랬구나."

"아이한테 징징거리지 말라고 소리를 지를 때 순간적으로 쾌감이 들었어. 그리고 내가 엄마가 맞나? 하는 생각이 들었어."

"아이를 혼낸 것도 미안한데 혼내면서 쾌감이 들어서 무척 미안하구나. 주미가 어릴 때 아버지한테 혼났던 기억 때문에 쾌감이 들었던 거야. 아이를 혼내면서 어릴 적 아버지가 무서워서 아무 말도 못하고 혼났던 그때의 감정이 해소되는 듯한 느낌이 들었던 거야. 그런 경험 있는 사람이라면 누구나 너처럼 그럴 수 있어. 너만 그런 건 아니야. 자책하지는 마. 네가 컨디션이 좋지 않으니까 아이의 감정을 받아줄 여유도 없고 우는 소리를 듣는 것도 힘들지. 그럴 수 있어."

“그래. 남편은 아이가 울어도 나처럼 마음이 불편하거나 감정이 요동치는 것 같지 않은데 나는 왜 그럴까?”

“지나온 시간들이 기억 속에 저장되어 있어서 그래. 어릴 때를 생각해봐. 주미가 어릴 때 말이야.”

“난 어릴 때 소리 내서 울지 못했어. 뭘 해달라고 한 적도 없고 가난했으니까 눈치 보면서 참았지. 참는 게 익숙했어.”

“소리내 울지 못했던 어린 주미의 마음이 그 순간 욱하고 올라왔던 거구나! 이해해. 누구나 그런 어린 시절을 겪었다면 그럴 수 있어. 소리 내서 울지 못했던 어린 주미야. 이제 마음껏 울어보렴. 울어도 돼. 괜찮아.”

“내 마음 이해해주니 고마워. 아이들이 속상하면 울 수도 있지. 우는 아이들 문제가 아니고 그것을 참지 못하는 내 마음이 문제였어. 해결하지 못한 마음 속에 응어리. 내 이야기를 다 들어주고 나를 이해해주니 고마워. 내가 문제가 아니라 내 마음속에 굳어버린 원망과 분노의 돌덩어리가 문제였다는 것을 깨달았어. 내 편이 되어주니 고마워.”

이렇게 화를 내는 진짜 속마음과 대화를 한다. 그 상황에서의 나의 솔직한 감정, 나의 날것과 만나고 대화하고 달래주는 과정이 참 좋다.

Part 5

상처는 향기가 되어

내 마음 들여다 보기

교회의 내적치유 프로그램에 자신의 장점과 가족의 장점, 듣고 싶은 말, 지금의 내가 과거의 나에게 편지를 쓰는 숙제가 있었다. 머리로 생각하는 것과 글로 쓰는 것은 큰 차이가 있다. 글로 쓰면서 차분히 내 마음을 들여다 볼 수 있었다. 쓴 것을 다시 읽어 보면서 감동의 눈물을 흘렸다. 쓰면서 저절로 치유가 되었다. 2014년도에 적었던 것을 그대로 옮겨 본다.

나의 장점

키가 크다. 눈이 예쁘다. 피아노를 열심히 배운다. 공부를 열심히 한다. 책 읽는 것을 좋아한다. 꿈이 있다. 잘 웃는다. 동물을 좋아한다. 운전 할 줄 안다. 아이들과 체험 학습을 잘 다닌다. 부침개를 잘 부친다. 잡채를 잘한다. 정이 많다. 먹을 것을 이웃들과 잘 나눈다.

시간을 계획적으로 쓴다. 참 열심히 산다. 사람들과 어울리는 것도 좋아하고 혼자 있는 것도 좋아한다. 등산을 좋아한다. 걷는 것을 좋아한다. 일찍 자고 일찍 일어난다. 전화 목소리가 예쁘다. 편식하지 않는다. 처음 본 음식도 잘 먹는다. 열정적이다. 결단력이 있다. 자전거 탈 줄 안다. 작은 일에 감사할 줄 안다. 스킨십을 좋아해서 잘 안아준다. 사람들에게 안부를 잘 묻는다.

남편 장점

키가 크다. 눈이 예쁘다. 따뜻한 목소리를 가졌다. 사랑의 눈빛으로 나를 바라본다. 나를 사랑한다. 나를 존중해 준다. 나를 응원해 주는 사람이다. 마음이 따뜻하다. 가끔 대청소를 한다. 내 말을 경청한다. 처가 일에 적극적이다. 마음이 열려있다. 나를 위해 기도한다. 책임감이 강하다. 대기업에 근무한다. 처음 직장에 지금까지 다니고 있다. 성격이 온순하다. 결단력 있다. 운전 할 줄 안다. 등산을 좋아한다. 나랑 산책하는 걸 좋아한다. 나랑 같이 있고 싶어 한다. 나를 때리지 않는다. 잔소리하지 않는다. 술을 좋아하지 않는다. 집에 오자마자 나를 안아준다. 뽀뽀도 잘해 준다. 아이들과 잘 놀아준다. 김치볶음밥을 잘 한다.

첫째 벼리의 장점

조잘 조잘 이야기를 잘한다. 혼자서 라면 끓여 먹을 줄 안다. 유머 감각이 있다. 글을 창의적이고 재미있게 쓴다. 얼굴이 예쁘다. 키가 크다. 혼자 집에 잘 있다. 책을 좋아한다. 동물을 잘 돌본다. 정이 많다. 동생이랑 잘 놀아준다. 약자를 배려한다. 친구를 금방 사귄다. 오카리나를 잘 분다. 피아노를 잘 친다. 가끔 아침에 이불을 갠다. 혼자 샤워할 줄 안다. 신문 보는 것을 좋아한다. 역사를 좋아한다. 눈치가 빠르다. 혼자서 잘 잔다.

둘째 달이의 장점

키가 크다. 잘생겼다. 애교가 많다. 상냥하게 말한다. 성격이 온순하다. 알림장을 잘 써온다. 한번 알려주면 스스로 잘 한다. 방과후 로봇을 잘 만든다. 태권도를 열심히 한다. 요절을 잘 외운다. 책을 좋아한다. 가끔 이불을 개고 학교 간다. 내가 아파하면 호~ 해준다. 집중력이 좋다. 혼자 책을 잘 본다. 신문을 본다. 퀵보드를 잘 탄다. 가끔 내가 차에서 내릴 때 문을 열어준다. 자전거 탈 때 안전모를 꼭 쓴다. 강아지를 좋아한다. 나에게 안아달라고 한다.

나 자신과 가족의 장점을 글로 적어보는 봄으로 인해 장점을 발견하는 좋은 기회가 되었다. 지금도 힘들 때 꺼내어 읽어보며 힘을 얻는다.

듣고 싶은 말 (2014년 4월 6일)

1. (남편으로부터) 알제리 일 마무리 잘 되었어요 여보~ 영구 귀국해요. 감사하게 한 달 정도 쉬게 되었어. 그 후에 집에서 출퇴근하는 좋은 직장이 생겼네. 우리 유럽여행 가자!

2. (아버지로부터) 주미야. 내가 하나님 믿고 네 엄마한테 너무 못한 것을 깨달았다. 남은 인생 네 엄마랑 다시 살기로 했고 작은 아파트도 샀다. 그 동안 네가 아빠 보험도 들어주고 이빨도 해주었지. 너도 애들하고 사느라 힘들 텐데 마음 써줘서 고맙다. 아버지로써 너를 사랑해주지 못했는데 이런 나를 용서해주어 정말 고맙다. 이제 엄마하고 아빠하고 우리 힘으로 풍족하게 살게 되었으니 신경 안 써도 된다. 하나님 믿으니 마음도 편해지고 너무 좋구나! 고맙다 딸! 사랑해.

3. (엄마로부터) 주미야. 엄마가 교회 나가서 하나님을 만났어. 하나님께서 엄마를 정말 많이 사랑하시고 그 동안 기다리고 계신 것을 마음으로 알았다. 하나님 믿고 아픈 몸도 다 나았다. 하나님의 사랑으로 이제 마음이 행복해. 난 엄마로써 너한테 해준 것이 정말 하나도 없다. 내가 너를 엄마로써 충분히 사랑해주지도 못했는데 너는 하나님 믿고 엄마를 용서해 주었지. 고마움을 말로는 다 표현 할 수가 없구나! 남편 외국 나가고 남편 월급도 밀리고 네가 혼자서 다 감당하느라 얼마나 힘들었니! 남은 인생 아빠랑 다시 살기로 했고 우리 집도 샀다. 이제

엄마랑 아빠랑 부자 되었어. 아이들과 남편을 엄마가 돌보아
줄 테니까 유학 다녀와라. 못한 공부 실컷 하고 오렴.

4. (남동생으로부터) 누나하고 이렇게 이야기를 하게 되니 정말
마음이 편안해. 나는 어릴 적 기대가 큰 부모님 때문에 많이 부
담스러웠어. 고등학교 때 운동하면서 다른 아이들은 부모님이
먹을 것과 입을 것을 보내주시는데 그게 너무 부럽기도 했어.
우리 가족끼리 앉아서 이야기를 나눈 기억도 없고, 부모님으
로부터 따뜻한 사랑을 느껴 본 기억도 없네. 나는 내가 제일 힘
들다고 생각했었는데, 나만 상처가 많다고 생각했었는데, 누
나 이야기를 들어보니 나보다 더 힘들었구나! 하나님 만나서
내 마음을 많이 치유 받았어. 우리 부모님이 나를 사랑하지 않
은 것이 아니라 부모님 나름대로 나를 사랑하고 계셨다는 걸
알았어. 그리고 부모님 역시 부모님으로부터 사랑을 많이 받
지 못한 피해자라는 사실을 알고 부모님을 용서했지. 내가 부
모님을 찾아뵙지 않은 오랜 기간 동안 누나가 아버지랑 엄마
챙기고 돈도 보내드리고 했다고 들었어. 정말 고마워. 누나!
나 이제 엄마 아버지 곁에 충주에서 살 거야. 하나님 믿는 좋은
사람 만나서 아들, 딸 낳고 사니 행복해. 고마워 누나.

5. (시아버님으로부터) 막내야~ 내가 너한테 참으로 미안하다. 너
하고 결혼한다고 해서 내가 반대했다. 그런데 이렇게 잘 살아
주니 정말 고맙고 미안하다. 넷째 며느리에게 상처를 많이 준
것 같아 사과했다. 나도 하나님 믿고 하나님 사랑을 많이 받았

다는 것을 깨달았다. 술도 끊었다. 이제 우리 집에 제사는 안
지낼 것이고 예배를 드릴 거야. 죽기 전에 하나님을 만나게 해
주어서 정말 고맙다.

6. (벼리로부터) 엄마 저를 열 네 시간 진통 끝에 낳아주셔서 감사
합니다. 물도 못 마시고 열 네 시간을 어떻게 견디셨어요? 엄
마는 정말 대단해요. 제가 가고 싶은 박물관과 전시회에 많이
데리고 다녀 주셔서 감사합니다. "공부해라"는 말 대신 "네 꿈
이 뭐니? 뭐 할 때 네 가슴이 뛰니? 그것이 바로 하나님께서 주
신 너의 사명이야. 가슴이 뛰는 일을 찾으렴."이라고 말해 주
셔서 감사합니다. 다른 엄마들은 공부하라고 억지로 학원 보
내는데 엄마는 저에게 먼저 물어보고 제가 원하는 대로 해주셔
서 감사합니다. 저의 엄마여서 감사합니다. 사랑합니다.

7. (달이로부터) 엄마. 저를 낳아주시고 키워주셔서 감사합니다.
저를 낳기 위해서 뱃살을 찢었다고 하셨을 때 너무 아플 것 같
아서 무서웠어요. 아직도 엄마 배에 상처가 남아있는 걸 보고
놀랐어요. 아침에 학교 갈 때 사랑한다고 말하고 안아주셔서
감사합니다. 가끔은 버럭 화를 내서 무섭기도 해요. 하지만 친
구네 엄마는 '이 자식이~', '야, 너, 공부 안 해?' 하던데, 우리
엄마는 한 번도 그런 말을 안 해서 감사해요. 엄마는 좋은 엄
마예요. 사랑해요.

8. (지인으로부터) 홍주미 선생님. 감사한 마음을 어떻게 글로 표
현 할 수가 없습니다. 삶이 힘들어 어두운 곳에 혼자 웅크리고

울고 있었습니다. 이제 삶은 끝이라고 생각했고 자살을 계획하고 있었습니다. 그때 선생님께서 따스하게 손 잡아주시고 하나님을 전해 주셨습니다. 저에게 '당신은 소중한 사람입니다'라는 말을 해준 사람은 선생님이 처음입니다. 실패해도 괜찮다고 말해 준 사람은 선생님뿐입니다. 덕분에 하나님을 만나고 요즘 감사하며 살고 있습니다. 저를 믿어준 단 한사람이 되어 주셔서 감사합니다.

9. (친구로부터) 주미야! 덕분에 공인회계사 시험 합격했어. 남편과 헤어지고 아무도 나를 돌봐주지 않을 때 내 손을 잡아 준 너. 정말 고마워. 네 덕분에 지금의 내가 있어. 너는 나를 사랑하고 믿어준 단 한 사람이야. 너를 만나게 해준 하나님께 깊은 감사를 드린다. 내 인생 정말 멋지다! 최고야!

10. (친구로부터) 유학 다녀오고 교수도 되고 네가 꿈꾼 것을 다 이루었네. 정말 네가 늘 말하던대로 아름다운 홍교수가 되었구나! 그 많은 상처 다 치유 받고 사랑체 그 자체가 되었어. 정말 멋지다! 너 그럴 줄 알았어. 너라면 충분히 네 꿈을 이룰 거라고 생각했어. 하나님께서 너희 가정에 축복을 많이 주셨구나!

지금의 내가 과거의 나에게 (2014년 5월 19일)

주미야 안녕~! 서른여덟 살이 되어서 열여덟 고등학생 때의 주미에게 편지를 쓴다.

고등학교 시절은 주미에게 참으로 힘들고 외로운 시기였지. 그 마음 그 상황 내가 잘 알아. 다른 친구들은 이성 친구가 좋다거나 대학 진로 문제를 고민하고 있는데, 너는 부모님의 이혼 문제를 앓고 있었지.

어릴 적, 부모님의 따스한 사랑에 목말라 하던 아이. 부모님이 다투고 엄마가 집을 나가 얼마나 가슴이 아팠니. 부모님이 다투실 때 소리 없이 베개에 누워 울고 있는 너의 모습이 지금도 눈에 보인다. 혼자 얼마나 외로웠니.

그렇게 힘든 과정 속에 있으면서도 친구들 앞에서는 그저 성격 좋은 척 웃었지. 겉은 강해 보이지만 속은 여리고 아프고 마음이 따뜻한 너.

우리 부모님은 왜 행복하지 않을까?

나는 왜 남동생을 위해 양보만 해야 하는가?

세상이 원망스럽고 아팠지. 주위를 둘러보아도 누군가 옆에 없고 그저 혼자 인 것만 같고. 내가 너를 꼭 안아줄게. 같이 울어줄게.

얼마나 외롭니 얼마나 아팠니.

네 마음을 알아주는 사람이 아무도 없어서 네가 얼마나 힘드니.

자살하지 않고 살아줘서 고맙다.

아버지 친구집에서 지낼 때 집에서 따뜻하게 맞아 주는 사람 없어 쓸쓸하게 고개를 숙이고 울었지. 그럼에도 불구하고 학교를 끝까지 다녀서 고마워 잘했다.

주미야! 너는 미래에 키가 크고 아주 마음이 따뜻하고 너를 진심으로 사랑해 주는 남자와 결혼할 거야. 창의적인 딸과 상냥한 아들을 낳을 거야. 지금은 외롭고 힘들지만 너는 네가 원하는 것을 모두 이루며 살게 될 거란다.

부모님으로부터 사랑을 받지 못해서 아프고 외롭고 상처받은 마음도 주님의 사랑으로 치유받는단다.

그토록 바라던 대학도 졸업하고 유학도 가게 되지.

바라던 꿈을 모두 이루고 살 거야.

주님께서 과거에도 지금도 미래에도 너와 함께 하신단다! 하나님은 주미편. 주미가 행복해지길 바라신다. 알고 있지?

힘내라 주미야. 사랑해~!

사단의 속임수였구나!

부모님이 이혼할 때 나는 이런 말을 듣고 싶었다.

"이혼하게 되어 미안하다. 네가 원하는 대학을 보내주지 못해서 정말 미안해. 하지만 너는 젊고 앞으로 네 인생 얼마든지 멋지게 살 수 있단다. 너는 할 수 있어."

치유 받은 후에 엄마와 어릴 적 이야기를 자주하게 되었다.

"엄마, 엄마는 나 어릴 때 남동생만 예뻐했지? 나 그게 무척 서운했어."

"남동생만 예뻐했다고? 너도 자식 낳고 키워봐서 알겠지만 누구는 더 예쁘고 그런 거 없어."

“정말? 나를 따뜻하게 안아준 적 없잖아요. 나한테 대학도 가지 말고 고등학교 졸업하고 남동생 뒷바라지 하라고 했잖아요.”

“그래. 그랬지. 그때 너희 아빠 교통사고 나고 사는 게 너무 어려워서 그랬어.”

“나는 아버지하고 엄마가 남동생만 좋아하고 나는 좋아하지 않는다고 생각했어.”

“그랬어? 너는 어릴 때 뭘 시키면 투덜거렸어. 우진이는 ‘누나는 왜 저러는지 몰라. 엄마 제가 할 게요.’ 했지.”

“에? 정말? 그때 나 사춘기였잖아. 엄마가 나한테만 집안일 시킨 게 아니고 동생한테도 시켰다고? 나는 나만 다 했다고 생각하고 있었어. 뭘 사달라는 말도 안했었지. 가난하니까 참고 부모님 사이가 안좋으니 참고 살았어요. 몇 번 참다가 한 번씩 욱하고 화를 냈지. 분하고 억울한 마음만 있었는데?”

“그래. 넌 속이 깊은 아이니까 많이 참았을 거야. 너희 아빠 교통사고 나고 장애인 되고 엄마가 집안일도 하고 가게도 해야 해서 힘들었지. 그래서 너희에게 집안일을 많이 부탁했어. 어린데 고생 많았지.”

“나는 그런 줄도 모르고 부모님 원망하면서 살았어요! 우진도 미워했는데 미안하네. 내가 초등학교 6학년 때인가 할아버지 입원하셔서 나보고 간호하라고 나만 서울 보냈잖아요. 지금 생각하면 우리 벼리 나이인데 어떻게 나를 보낼 수가 있어?”

“그랬나? 엄마가 기억이 잘 안나. 미안해. 엄마가 엄마 노릇 잘 못해서 미안해. 이혼할 때도 우진이는 아빠가 키우고 너를 엄마한테 달라고 했는데 너희 아빠가 안 줬어. 너를 줬으면 엄마가 무슨 수를 써서라도 너 대학 보냈지. 너를 몇 번 찾아갔지만 네가 엄마를 피해서 숨었지. 엄마가 끝까지 너를 지켜주지 못해서 미안하다.”

“저도 이제 아이 둘을 키우는 엄마예요. 부모님으로부터 사랑도 못 받고 남편한테 따뜻한 말한 마디 들어보지 못한 엄마의 삶을 이해해요. 예전에는 엄마 춤바람 나고 부모님 이혼한 것이 너무 부끄러웠는데 지금은 이해해요. 엄마도 그 때 지독한 성인 사춘기를 겪었던 거야. 아버지 교통사고 나고 도망 안가고 살아줘서 감사해요. 지금 이렇게 살아 계신 것만으로 감사해요. 살아 계시면 이야기 할 수 있잖아요. 살아 계시면 안을 수도 있고 기회가 있어요. 감사해요 엄마.”

“너희한테 잘 못한 거 평생 가슴에 얼음처럼 담고 살았는데 이해한다니 고맙다.”

아버지는 나에게 무척 무서운 분이었다. 언제나 흐트러짐 없이 단정한 머리를 하고 계셨고 ‘잘했다, 고맙다’는 표현은 하지 않았다. 내가 잘못했을 때는 매를 들었고 눈물이 쏙 빠지도록 혼났다. 아버지가 너무 무서워 같이 밥을 먹으면 손이 덜덜 떨려왔다. 아버지에게 사랑이라는 감정은 없다고 생각했다.

그런 아버지께서 내가 중학교 때 비가 오는 날이면 학교 정문에 차를 대고 기다리고 계셨다. 개인적인 연락 수단이 아무것도 없었던 시절이었다. 아버지는 내가 끝나는 시간에 맞추어 기다리셨다.

때론 하교가 늦어질 때도 있었는데 아버지는 나를 기다리고 계셨던 것이다. 나뿐만 아니라 친구도 집까지 태워 주셨다. 비오는 날 아침이면 자동차에 시동을 미리 켜놓고 "학교 가자. 아빠가 태워다 줄게."라고 하셨다. 아버지 차를 타고 버스 정류장을 지날 때면 "버스 정류장에 같은 학교 친구가 있니?" 묻고는 친구까지 태워 주셨다. 아버지는 그렇게 사랑을 표현하셨다. 아버지의 사랑의 언어는 '봉사'였던 것이다.

아침에 일어나 방문을 열면 앞마당이 깨끗해서 기분까지 상쾌했다. 어머니는 매일 아침 뒷마당까지 깨끗하게 청소를 했다. 호박무침, 가지볶음 같은 맛있는 반찬을 많이 해주셨다. 면소재의 옷을 커다란 냄비에 삶은 후에 하나하나 손으로 비벼 빨았다. 어머니는 요리도 잘하시고 살림도 깔끔하게 하셨다.

중학교 때 감기로 많이 아팠다. 어머니는 나에게 무엇을 먹고 싶은지 물으셨고 야채스프가 먹고 싶다고 했다. 야채스프를 냉면 그릇에 한 사발을 해주셨다. 남동생과 마주 앉아서 야채스프 한 사발씩 다 먹었다.

감기로 며칠 이불 속에서 앓고 난 후에 어머니가 무엇을 하고 싶은지 물었다. 나는 반곱슬 머리카락을 쭉쭉 펴고 싶다고 했고 엄마는 미용실로 데려갔다. 엄마가 내 이야기를 들어 주셨고, 예뻐진다는 생각에 무척 행복했던 기억이 난다. 어머니의 사랑의 언어 역시 봉사였던 것이다.

어머니는 나름의 방법으로 사랑을 표현한 것이다. 나는 사랑 받지 못한 것이 아니고 내가 원하는 사랑과 부모님의 사랑법이 달랐던 것이다. 이것을 모르고 오랜 세월 사단의 속임수에 속아서 살았다. 마치 집에 먹을 것이 없어 논과 밭을 헤매며 먹을 것을 구해 먹으며 비참하게 살았는데 안방 이불 속에 음식이 있었던 것과 같았다.

마귀가 벌써 시몬의 아들 가룟 유다의 마음에

예수를 팔려는 생각을 넣었더라

– 요한복음 13:2

사람의 동의 없이는 성령이든 악령이든 마음대로 사람의 내부로 들어올 수 없다. 그래서 사단은 틈을 노린다. 사람에게 악한 생각을 넣는다. 사단의 싸움은 이렇듯 심리전이다. 사단은 거짓의 아비이므로 거짓으로 사람을 속이고 불행에 빠트린다. 부모님과 내가 사랑을 표현하는 방법이 달랐을 뿐인데 그것을 알아차리지 못하게 한 것이다. 사단의 속임수였음을 깨닫고 나니 나를 사랑한 많은 분들이 있었음이 속속 드러났다.

막내 이모는 정이 많고 사랑이 많은 분이다. 우리를 보자마자 두 팔을 벌리고 "어구! 우리 주미랑 사위 왔어? 아들 딸 낳고 예쁘게 잘 살아서 고마워"라고 하신다. 벼리와 달이에게 용돈을 꼭 챙겨주시고 뭐 하나라도 더 주려고 하신다.

아버지가 오토바이 사고 났을 때 결혼도 안한 이모가 우리 집에 자주 와서 돌봐주었다. 이모가 인천에서 직장 생활 할 때는 방학이면 큰 이모네 아이들과 우리를 집으로 초대했다. 맛있는 거 사주고 옷도 사주셨다.

아버지의 여동생, 고모는 아주 상냥하다. 요즘도 전화하면 "우리 미스코리아 벼리양은 잘 있니? 대통령 달이도 잘 있고? 너희가 행복하게 잘 사니 고모는 그게 아리가또 고자이마스야"라며 유머감각을 뽐내신다. 고모는 내가 어릴 적에 예쁜 원피스를 사서 보내주었다. 시골에서는 볼 수 없었던 보라색 벨벳 꽃무늬 장식이 달린 예쁜 원피스였다. 고모의 사랑의 언어는 '선물'인가 보다.

서울에서 미용실을 하신 작은 어머니는 내가 고등학교에 입학할 때 교복 값을 보내주셨다. 미용실 일은 하루 종일 서서 손님 비유 맞추어야 하는 힘든 일이다. 그렇게 힘들게 번 돈을 나에게 보내주신 것이다. 어릴 적 방학이면 나를 서울로 오라고 하셨다. 작은 어머니 딸들과 미용실에서 같이 놀고 맛있는 것도 사주셨다. 집에 돌아갈 때는 예쁜 옷도 사주셨다. 부모님 이혼하고 힘들 때는 손편지를 써주기도 했다.

아픈 기억만 커다랗게 자리 잡고 사랑받은 기억은 마음 속 어딘가에 숨겨져 있었다. 치유를 하면서 사단이 속여 감춰놨던 사랑받은 기억들을 찾아냈다. 지금에 내가 있기까지 얼마나 많은 분들이 나를 사랑하고 아끼고 사랑했는지 고마움에 눈물이 났다.

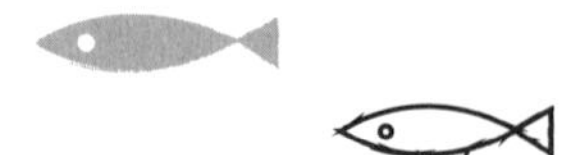

그것은 사랑이었네

사단의 눈가림을 벗고 보니 나를 사랑하는 사람들의 마음이 보이였다. 오래전 편지를 꺼내 보니 눈시울이 붉어졌다. 손으로 직접 써준 사랑의 마음에 울고, 그동안 모르고 살아서 미안한 마음에 눈물이 났다. 이제라도 알게 해주신 하나님께 감사하는 마음에 또 눈물이 났다.

<주미의 편지를 받고>
뜻밖이구나! 어느새 우리 주미가 이렇게 성장했나 싶어 대견하기도 하고….
편지 쓸 때의 마음가짐. 지금 이런 여유를 가진다는 것이 대단하네.

더불어 공부에 대한 열정도 남다르리라 믿고 우리 주미에게 기대를 가져볼까?

할아버님을 위시하여 작은 아빠, 작은 엄마, 선혜, 민혜 모두 별고 없단다.

주미야! 고등학교에 들어가고 나니 갈등이 오는가 보구나! 별보고 나와서 별보고 들어가는 반복된 생활에 짜증이 나기도 하겠지? 우리 주미 힘들어서 큰일이구나!

주미야! 목표를 정해 놓고 그곳을 향해 질주하는 모습은 얼마나 아름다울까? 아침에 눈을 떠서 무언가 할 일이, 그것도 뚜렷한 목적의식(?)이 있어 발을 떼어놓는 사람은 너무 행복하다고 생각지 않니?

그 속에서 보람과 희망을 찾아내는 게 우리가 해야 할 일이지!

우리 집안의 최고참인 주미가 테이프를 잘 끊어야 동생들에게 본보기가 될 텐데.그렇다고 너무 부담 갖지는 말고 능력 개발에 최선을 다해 보는 거야.

주미야!

오늘은 작은 엄마 하루 일과 좀 옮겨 볼까? 아침 6시면 어김없이 눈을 뜨고 밥솥 스위치를 꽂는다. 일주일에 두 시간은 영어단어 공부에 숙제까지 하느라 30분 영어 단어 사전을 뒤적이고 6시 40분이면 김이 모락모락 나는 식탁위에 식사 준비를 끝낸다.

밥 한 그릇을 깨끗이 비우시고 출근하시는 작은 아빠 이마에 뽀뽀 인사 해주면 7시 10분, 베란다까지 뛰어나와 손을 흔들며 차가 떠날 때까지 배웅한단다.

오늘 하루 작은 아빠가 회사 일에 전념하고 빠른 퇴근 시간을 위한 작전이란다.

곧바로 할아버지 모시고 아침 식사가 끝나면 7시40분 정도 민혜 도시락 챙기고 선혜 수영장 가방 챙겨 놓고 설거지 끝내면 미용실에 출근하는 시간이 8시쯤 될까?

가방을 들고 현관문을 나서면서 "오늘 하루도 건강한 몸으로 일할 수 있게 해 주셔서 감사합니다." 속으로 기도하는 마음으로 미용실까지 발걸음을 옮긴다.

매주 목요일엔 '서경대학교' 사회 교육원에 가서 4시간 정도 교양강좌, 경영학 이론 등을 배워서 경영주로서의 자질을 갖추려고 노력한단다.

작은 엄마는 나름대로 직업에 자부심과 긍지를 가지고 있어.

깔끔하고 단정한 손님들의 뒷모습을 지켜보는 즐거움! 거울 속에서 만족해 하는 고객의 환한 미소가 작은 엄마의 큰 보람이자 희망이다.

퇴근 시간은 작은 아빠가 도착하시는 8시쯤 되는데 손님이 계실 때는 더 늦어지기도 한다. 할아버지 계시니까 찌개는 필수고 오늘은 도시락 반찬꺼리 준비도 해야 하고 미용사들 식사까지 해 나르려면 시장바구니가 가득하다.

집에 와서 식사하면 10시쯤 될까? 일단 청소는 작은 아빠 담당이고 빨래는 세탁기가 하고 작은 엄마는 반찬 준비로 12시 안에 잠자리에 들어본 적은 없다.

샤워하고 가게부 정리하고 민혜 일기장 검사하고 등등

이제 거의 정리가 된 셈인가?

주미야! 다람쥐 쳇바퀴 돌 듯 평범한 생활이 가장 행복한 삶이란 것 생각해 본 적 있니?

남들이 보기엔 별것 아닌 지금의 자기 생활에 만족하고 그 속에서 희망을 가진다면 무엇을 더 바랄까? 한때 고등학교에 진학하지 못한 서러움으로 인생을 포기하려 했었던 기억이 나는구나.

주미가 지금 서있는 위치를 한때 얼마나 갈망했는지 작은 엄마의 심정을 주미를 모를 거야.

너에게 교복을 입혀 놓고 바라보는 즐거움만으로 작은 엄마는 너무 행복하구나!

주미야! 부탁하고 싶은 것을 글로 쓰는 습관을 가지고 답답하고 짜증나면 음악을 듣는 게 좋겠다. 하소연 하고 마음 터놓고 얘기할 수 있는 상대가 되어 주는 작은 엄마가 되고 싶구나.

도움이 될 수 있기를 바라면서 따끔한 충고 한마디 하마!

성적표를 의식 하는 것은 아니지만 네가 노력한 결과를 나타내는 유일한 증거야.

뒷걸음질은 절대 안돼. 한 번 떨어지면 자신감을 잃게 되고 따라서 포기하려는 마음이 생기거든.

좋은 친구 사귀는 것은 성적표가 쑥쑥 올라갈 때 가능하다. 오랜만에 잔소리 좀 했구나.

가려 읽고 시간나면 편지하자. 민혜가 보고 싶다고 안부 전하란다.

너도 식구 모두에게 안부 여쭈어다오 건강하고 안녕.

– 1993년 6월 3일 작은엄마가

<Dear. 주미>

어제 집에 가니까 너 편지가 와 있더라구.

너도 알다시피 난 우편물 받으면 가만있는 성격이 아니잖아?

너무 고마워서 또 이렇게 쓰는 거. 그때 편지 받고 기분 좋았다고 했지?

지금도 좋아? 뭐라구? 재수 없다구? 이걸 그냥 콱!!

설마, 내가 '연약'한 너를 건드릴 수야 있겠냐.

여기서 연약한은 '연희 같은 약한 여자'를 한방에 끝내버리는 여자야.

지금, 교련 시간이다. 4교시째야.

여선생님인데 원래 자기 과목이 아니라고 했는데 그래서 그런지 엄청 버벅거리신다.

머리 만지는 아이, 책상에 코 박고 자는 아이, 다른 공부하는 아이…

근데 가슴이 조마조마 하다. 갑자기 나의 양심이 나에게 재촉하기 시작한다!

으~~~~~~! 이 고통!

그렇지만 주미의 엔돌핀을 위해서라면 양심에 털 나는 것 쯤이야 뭐, 깎으면 되지.

봄비가 내리는 구나! 여기저기에서 꽃도 많이 피겠다.

등산이라도 갈 수 있다면 예쁜 들꽃 구경 할 수 있을텐데,

선생님께서 땅굴 가 봤냐고 물어보시는데 갑자기 생각난다.

왜 우리 초등학교 때 인천가면서 전철 탔을 때 방송 나오니까.

너랑 나랑 네 동생이랑 "이번 역은 ○○역입니다. 내리실 문은 땅굴입니다." 그랬잖아.

기억나지? 어린 나이에 셋이서 킥킥 거리고 웃었는데, 그립다!

……

울 학교도 97% 정도 대학 갔어. 정말루!

빛나는 발전이지 뭐. 그래도 걱정이지 우선은 내 자신이니까.

나도 요즘 자꾸 진로에 회의가 생겨. 갈등도 생기고.

난 교육계열을 생각하고 있는데 전망도 없을 것 같아.

요즘만 해도 사범대 나와 공무원 시험 준비하는 사람이 허다하데.

돈 많이 벌어야 또 그런 과를 가야만 엄마에게 죄송하지 않은데 말야.

시간이 적지는 않다고 봐.

몇 개월 동안 지금 정신상태 유리시키면 누구든 성공할 수 있을 테지.

너랑 나랑 꼭 갈망하는 대학엘 가야 하는데, 넌 늘 노력하잖아.

그 결과가 11월 22일에 있을 수능 시험에 나타날 거야.

포기하지 말자구!

1년 만 죽어지내면, 평생을 보람 있게 살 수 있을 거야.

이번 주에 야간자율학습 안해. 너네두?

그럼 전화할게. 아, 이제 5분만 있으면 점심 먹는다.

돈가스 싸왔는데.

주미야, 건강해야 뎌! 그래 다른 건 접어두고 공부만 신경 써.

잘 될 거야. 내가 늘 너와 함께 있으니까.

– 1995년 봄비 내리는 어느 날 '희'

누나!

오랜만에 쓰네! 헤~

그냥 시간이 나서. 누나! 나 요즘 너무 혼란스러워!!

제대하고 어떻게 해야 하나? 어디서부터 시작해야 할까?

이런 생각들이 자꾸 들어! 마땅히 이야기 할 사람도 없고!

아빠도 걱정되고. 그래도 다행이야. 아빠의 빈자리는 찾았으니!

누나는 어때? 일을 할 만한 거야?

동생이라고 하나 있는 게 이 모양이니!

옛날 생각난다. 많이 싸우고 할아버지께 혼나기도 많이 혼나고 글재주가 없어서 쓰기 진짜 어렵네!

엄마! 누나가 많이 챙겨드려. 혼자 얼마나 외로우시겠어!

누가! 내가 말은 안 해도 우리 식구들 생각 많이 하고 특히 누나에게 젤루 맘 아프다.

예전에 안 좋은 기억들 아픈 과거는 다 잊고 앞으로가 중요하잖아!

누나가 하고 싶은 일 하면서 우리 식구들 잘 살았으면.

아무쪼록 건강하고 아빠, 엄마 잘 대해 드리고, 못난 동생 용돈이나 줘라!

사랑스런 동생이. 2001년 4월에 마지막 날에…

ps. 엄마 편지도 썼으니까 엄마 갖다드려! 읽어보지 말고.

사랑을 주고 받는 사람

이제는 안다. 내가 지금까지 살아온 것은 하나님의 사랑이 있기 때문인 것을. 주위에 나를 사랑하는 사람이 많았음을,

언제가 목사님께서 설교 시간에 말씀하셨다.

"사랑받고 싶으세요? 가장 빨리 그리고 확실하게 사랑받는 방법을 알려드리겠습니다. 바로 사랑을 먼저 주는 것입니다."

나는 사람들에게 사랑을 주고 받기 시작했다.

2015년 스승의 날, 송희숙 원장님께

원장님과 인연이 된지 4년이 넘네요. 어른을 받아주는 피아노 학원이 없어서 걱정했는데, 원장님께서 단번에 받아주셔서 정말 감사합니다.

눈이 크셔서 첫인상이 무척 강했는데, 원장님은 마음이 따뜻하시고 배려 해 주시는 좋은 분이세요.

스승의 날을 맞이해서 원장님께 삶의 '리소스', 자원을 드리고자 해요. 원장님이 힘들고 어려울 때마다 보시면 긍정의 에너지가 생길 거예요. 아자!

송희숙 원장님의 장점

쌍커풀이 있고 눈이 크다. 머리숱이 많다. 아침에 일찍 일어난다. 아침에 일어나서 기도한다. 안전 운전한다. 책임감이 강하다. 시간 약속을 잘 지킨다. 배려 해준다. 남의 이야기를 잘 들어준다. 공감을 잘 한다. 마음씨가 곱고 착하다. 융통성 있게 일처리 한다. 솔직하다. 성격이 복잡하지 않고 명쾌하다. 글씨체가 예쁘다. 생활력이 강하다. 사랑의 마음이 가득하다. 꼼꼼하게 레슨한다. 대충 연습해 오면 다시 하라고 한다. 피아노 연습하는 것을 밖에서 듣기만 해도 열심히 하는지 대충하는지 안다. 깔끔하게 청소한다. 기도 제목을 메모하고, 응답 받는다. 새로운 것을 배우는 데 열심이다. 마음이 열려 있다. 완전 긍정적이다. 자존감이 높다. 다른 사람의 이야기에 귀 기울이고, 스스로를 돌아본다. 주위 사람을 잘 챙긴다. 같이 있으면 편안하다. 조금 실수해도 용서 해준다. 딸이 공부할 때 안아 주시고 기다려 준다. 남편의 권위를 세워 준다.…… (그리고 38,017번째) 적게 드신다.

　　살면서 힘들고 아플 때 이런 손편지는 다시 힘을 낼 수 있게 해준다. 어떤 사람을 만나는 가는 각자의 삶에 많은 영향을 미친다. 주위에 손 편지를 써주는 사람이 있다는 것은 사랑받고 있다는 것이다. 원장님께 반찬을 나누어 드리면 어느 날은 반찬통과 함께 손편지가 온다. 편지를 받고 마음이 따스해진다.

　　내 생일날에도 손편지가 왔다.

주미씨!

태어난 날을 축하해요!

주미씨를 만나서 새로운 인생도 생각해 보고, 예전에 느끼지 못했던 많은 일들을 해나갈 수 있었네요.

주미씨를 만나게 된 것을 하나님께 감사드려요.

열정과 도전을 열심히 만들어 가는 주미 씨 대단해요.

제가 많이 배우고 있답니다.

이렇게 쭉~ 삶을 만들어가다 보면 주미씨 삶을 풍요롭고 향기로운 인생을 살 거예요.

대단한 주미씨! 파이팅!

예쁘고 남을 배려해주고 맘 써주는 주미씨 짱짱!!

모든 일들이 순조롭게 잘되어지기를 기도할게요.

해피한 생일 되어요. 진심으로 축하해요.

- 2015년 10월 31일 모짜르트 학원 원장

얼마 전 담임목사님께서 여수감리교회로 옮기셨다. 영의 부모님과도 같은 분과 헤어지는 아픔으로 한 동안 허전한 마음뿐이었다. 목사님과 사모님께 긴 편지를 드렸다.

<황현숙 사모님께>

사모님 안녕하세요. 사모님 여수 내려가신 지 3주가 다 되었네요. 이제 제 마음도 어느 정도 정리가 되어 편안한 마음으로 편지를 드립니다.

……

사모님께서 저에게 이별 인사를 하시던 말씀이 아직도 생각나요.

"주미야, 내가 너를 여기에 두고 가는 것이 너무나도 마음이 아프다. 너는 네가 무엇을 해야 하는지 네 사명을 잘 알고 있지?

아주 잘하고 있어. 너는 하나님의 큰일을 할 사람이야."

"네. 사모님 제가 요즘 사람들을 살리고 있어요."라고 했지요.

……

요즘 독서모임을 하고 있는데요.

저의 아픈 이야기를 하니 사람들이 자신의 아픔을 이야기 하면서 엄청난 치유가 일어나고 있어요. 아픔을 꺼내고 울고 듣는 사람도 같이 울면서 치유가 되요. 모두들 자신이 세상에서 가장 불쌍한 사람이라고 생각하며 살았다고 해요. 세상에는 상처 받은 사람들이 참 많다는 것을 알게 되었어요. 사람이 사람에게 줄 수 있는 공감과 사랑이 엄청나요. 하나님께서는 인간을 참으로 신비롭게 만드셨어요.

……

6월 24일, 마지막 인사를 드리고 집에 돌아왔는데 많이 울어서 지치고 힘들었어요. 에너지가 다 떨어졌지요. 2시간 정도 자고 나서 일어나 식탁에 앉았어요. 아이들에게 물었지요.

"얘들아. 목사님하고 사모님 여수로 가기는 거 현실이니?"

아이들이 현실이라고 했어요.

"현실이구나! 현실이야." 한줄기 눈물이 주르륵 흘렀어요.

사모님 떠나시는 월요일 아침에 저는 차마 교회에 갈 수 없었어요.

떠나시는 모습을 제 눈으로 볼 용기가 없었습니다. 직면할 용기가요.

……

사모님께서 목장 인도자가 되어주셔서 사모님과 친해진 듯해요. 함께 삼겹살을 구워 먹고 목욕탕도 다녔는데 그렇죠? 친정 엄마가 반찬해주시면 사모님 나눠 드렸죠. 사모님 친정어머님도 충주 분이시라며 입맛에 맞는다고 좋아하셨는데. 이제 반찬을 어떻게 드리지요?

사모님과 함께한 아름다운 추억이 방울방울 떠오르네요.

여수에 계시니 한 번 찾아뵐게요.

……

명성교회를 27년 지켜주신 황현숙 사모님 감사합니다.

11년 저의 신앙의 어머니가 되어 주셔서 감사합니다.

저를 사랑해 주셔서 감사합니다.

저에게 '단 한사람'이 되어 주셔서 감사합니다.

저의 기쁨을 진심으로 축하해 주시는 사모님 감사합니다.

상냥함의 미덕이 다이아몬드인 사모님 감사합니다.

환하게 웃는 사모님 감사합니다.

유머러스하신 사모님 감사합니다.

강아지를 사랑하시는 사랑의 미덕 사모님 감사합니다.

옷 잘 입으시는 멋쟁이 사모님 감사합니다.

저에게 늘 응원을 보내주시는 사모님 감사합니다.

제 편, 주미팬 사모님 감사합니다.

제가 어려울 때 편지를 써주셔서 감사합니다.

제가 어려울 때 맛있는 거 사먹으라고 돈을 주셔서 감사합니다.

황현숙 사모님 사랑합니다.

2018. 7. 15 황현숙 사모님을 사모하는 홍주미 드림.

답장을 주셨다.

주미야.

심방하고 돌아와서 좀 전에 네가 보낸 편지들을 읽다가 눈물이 나서

읽고 또 읽고, 마음공부를 한 너답다는 생각을 했지. 받은 사랑보다 더

많은 감사를 표현할 줄 아는 네가 참 고맙고 자랑스럽다.

······

진심을 다해 쓴 글은 너무나도 따뜻하여 사람의 마음을 하나님 안에 있

는 것 같은 최고의 위로와 사랑을 느끼게 하는 힘이 되지. 평생 동안 간

직할게.

......

주미야~ 좋은 소식 간간히 전해주고 너를 통해 사람 살리는 일이 흥왕하고 언제나 영혼육이 강건하길 바랄게 샬롬~!

엄마께

아까까지 같이 있던 사람에게 편지를 쓰니 뭔가 부끄러워요.

엄마, 엄마는 '엄마'이기 위해서 아빠의 '여자'와 부모님의 '공주'를 포기 했다는 글을 본적 있어요. 저는 그렇게 생각하진 않아요. 엄마는 이미 '여자'인데다 '공주', '엄마'라는 세 가지 호칭까지 가지고 있어요.

저는 엄마가 세상에서 가장 행복한 사람이라고 생각해요.

어릴 때 제가 뭘 했는지 모두 다 기억은 못하니까, 엄마가 얼마나 힘드셨을지, 또 지금은 얼마나 힘드신지 잘 알지는 못해요.

그래서 이해하기 힘들죠. 가족이기 전에 나와 '다른 사람'이니까요.

그래서 가끔 엄마가 미울 때가 있어요. 크면 다 이해할까요?

엄마, 아마 엄마 나이 때에 스스로 공부하는 사람은 드물 거예요.

그래서 엄마는 특별해요. 자신의 꿈을 자식에게 투영시키지 않으니까요.

대신 엄마는 엄마의 꿈을 위해 엄마가 노력하죠.

엄마는 나이가 들어도 계속 노력할 거에요.

왜냐하면 엄마는 분명한 꿈이 있으니까.

그걸 이루기 위해서 계속 나아갈 거예요.

지금 현실에 만족하지 않고 불평하지도 않고, 계속 앞을 보고 나아갈 거예요. 왜냐하면 엄마는 '엄마'니까요.

– 2016년 10월 20일 금요일 저녁 벼리 드림

오늘 설거지는 제가 o(^^)o

벼리의 편지를 받고 가슴으로부터 뜨거운 눈물을 흘렸다. 눈물범벅된 얼굴로 벼리에게 감동을 선물해주어 고맙다는 말을 했다. 지금도 가끔 벼리의 편지를 꺼내 읽는다. '자신의 꿈을 자식에게 투영시키지 않는다'고 생각하는 딸이 고맙고 또 고맙다.

엄마, 저를 낳아주시고 키워주셔서 감사해요.
그리고 제가 그 동안 화내고 짜증내고 투정부려도
따뜻하게 안아주셔서 감사해요.
앞으로는 화도 잘 안내고 밥도 잘 먹고 엄마 하는 말씀도
잘 들을게요. 엄마, 아빠 사랑해요.

– 2016년 크리스마스에 아들 달이 드림

한걸음 떨어져 바라보니

오랜만에 아는 동생 수현이를 만나 카페에 앉았다.

"사실 연락 안하고 지내는 동안 성인 사춘기를 끔찍하게 겪었어. 하나님 안에서 슬기롭게 보낼 수 있었지. 처음에는 우울증인줄 알았어. 아무 것도 하기 싫고 감정기복이 심했어."

"성인 사춘기?"

"우리 때는 사춘기가 고등학교 때 왔잖아. 청소년 사춘기를 부모의 온전한 사랑으로 존중받지 못하면 사춘기 두 배 나이에 성인 사춘기가 올 수도 있다고 해. 삼십대 중반에서 사십대 초반에. 어떤 친구는 고등학생까지 부모님께 순종적이었다고 해. 대학에 들어가니 이유 없이 부모님이 원망스럽고 말도 하기 싫었대. 부모님하고 부딪치기 싫어서 일부러 술을 많이 먹고 밤늦게 집에 들어갔다면서 자신은 그때야 비로소 사춘기를 겪었던 것 같다고 했어. 만약 그렇다면 사춘기를 대학생이 되어서야 겪는 사람이 있다는 거야. 그런데 그때도 감정을 존중 받지 못하면 40대에 성인 사춘기가 올 수도 있다는 이야기가 되지.

성인 사춘기는 한 마디로 내 마음을 나도 모르는 병인 것 같아. 성인 사춘기가 왔을 때는 가정을 꾸리고 있는 상태니까 훨씬 더 심각하지. 허전하고 마음이 아픈데 원인을 모른 채 눈물만 나더라. 우울증인가 싶었지.”

“그래서 어떻게 했어요?”

“교회 가서 매일 미친 사람처럼 울었어. 내 마음 도대체 왜 이러냐고 하나님께 간절한 마음으로 물었어. 가슴을 쥐어뜯으며 울었지.”

“언니 말 들으니까요. 이혼할 때 남편이 서른일곱이었거든요. 그때 그 남자도 성인 사춘기였던 것 같아요. 다른 여자가 생겨서 합의 이혼했거든요. 생각해보니 저도 삼십 대 초반에 성인 사춘기를 겪은 듯해요. 그때 남편이 제가 힘들어 보인다고 하면서 아이들을 시댁에 맡기고 여행을 다녀오라고 했어요. 제가 우울해하고 통통거리고 화를 내도 많이 이해해주고 받아주었어요. 그런데 남편이 성인 사춘기 왔을 때는 제가 받아주지 못했네요. 성인 사춘기라는 것을 그때 알았더라면 좋았을 걸 그랬네요.”

동생은 눈물을 보이며 말했다.

“그래. 그럼 왜 그런 것이 오는지 알고 대처할 수 있었을 텐데 말이야. 암에 걸리면 사람들이 안타까운 마음을 가지잖아. 회사도 며칠 쉬고 하지만 마음의 암 같은 성인 사춘기는 사람들이 잘 몰라. 배우자가 바람피운다는 사실만 보고 서로 상처주고 헤어지지. 마음에서 피가 철철 나는데 보이지 않으니 알 수가 없어. 안타까워.”

“주미야. 우리 남편 또 직장 그만두었어. 이번에는 6개월 다녔나?”

오래 만에 만난 친구 얼굴에 수심이 가득했다. 친구 남편은 결혼 후에도 한 직장에 1년 이상 다니지 못했다.

“부장님이 일 처리 제대로 못한다고 한 소리 했나봐. 그랬다고 그만두었어. 벌써 몇 번째인지 모르겠다. 남 밑에서 일하는 게 쉬운 게 아니다. 그런 소리도 들을 수 있다. 당신만 그런 거 아니다 해도 듣지를 않아.”

“어휴. 그렇구나!” 나 역시 한숨이 나왔다.

“남편 어린 시절은 어땠니?”

“우리 남편 부모님 모두 일찍 돌아가시고 할머니 손에 컸어. 할머니는 남편 대학 때 돌아가셨고 그때부터 혼자 힘으로 살아온 거지. 이렇게 경제적으로 힘들 때 친정에서도 시댁에서도 도움 받을 수 없고, 너무 힘들다.”

“그렇구나. 남편 부모님이 모두 일찍 돌아가셨구나!”

“그래. 얼마 전에 추석이었잖아. 열 받아서 미치는 줄 알았어. 친정집에 가자고 하면 남편이 너무 싫어해. 명절 며칠 전부터 화를 버럭 내고 애들한테 뭐라고 하고. 친정에 가면 밥 먹을 때나 거실에 나오지 작은 방에 들어가서 뭐하는지 나오지도 않아. 우리 부모님하고 눈도 못 마주치고. 그래서 친정 부모님도 남편을 어려워해.

남들은 시댁 없으니 좋겠다고 하는데, 부모 없이 성장해서 그런가 부모 없는 티가 나더라. 퇴근 하면서 아이들 과자 한 번 사다 준 적이 없어. 애들하고 어떻게 놀아줘야 되는지도 모르고. 나 혼자 살림하랴 애들 키우랴 일하랴 힘들어 죽을 지경인데 그걸 몰라"

"힘들겠다. 나도 전에는 그런 남자들 흉봤는데, 내가 마음공부를 하고 보니까 무의식적으로 부모에게 받은 그대로 자녀에게 주게 된다고 하더라. 너희 남편도 아이들과 놀아주고 싶은데 방법을 몰라서 힘들 수도 있을 것 같아."

"가끔 그런 모습을 보이기도 해. 요즘 부쩍 남편이 우울해하고 신경이 예민해져서 아이들을 자주 혼내. 혼자 집에서 술 마시는 날이 많고. 일을 그만두었으니까 예민해서 그럴 수도 있겠다 싶다가도 자주 그러니까 나도 짜증나."

친구에게 내가 겪은 성인 사춘기 이야기를 해주었다. 친구는 나의 아픔을 들어보니 자신이 지금 겪는 남편과의 갈등이 작은 일로 느껴진다고 했다.

"고통은 남과 비교되는 것이 아니야. 각자 자신들이 겪는 문제가 가장 아픈 거야. 직접 그 일을 겪고 있기 때문이지."

친구는 나의 성인 사춘기 이야기를 듣고 남편을 조금이나마 이해할 수 있게 되었다고 했다.

성인이 되어 겪은 사춘기 이야기를 들려주면 대다수 사람들이 본인이나 남편 혹은 부모의 삶이 그랬던 것 같다고 한다. '성인 사춘기를 겪은 사람들이 이렇게 많구나! 그렇다면 그로 인해 상처받는 사람들도 많을 텐데….' 내가 그들을 따스하게 안아주고 싶다는 생각이 들었다.

집안에 꽃이 있으면 집안 가득 향기가 난다. 상처 받은 사람이 집안에 있으면 주의 사람들이 모두 상처 받는다. 하지만 상처를 치유하고 의미로 만들면 향기가 된다. 그윽한 향기로 사람을 위로해주고 공감해주며 따스하게 감싸줄 수 있다.

상처뿐이라고 생각했던 지나온 삶을 벽에 걸려있는 그림을 보듯이 바라보았다. 어두운 그림이라고 생각했는데 한걸음 떨어져 바라보니 햇빛을 받은 반대편의 그림자만 보고 있었던 것이다.

"그림 전체를 보니 밝은 태양 아래 아름다운 꽃들이 피어있는 그림이었구나!"

상처는 향기가 되어

해마다 어버이날이 되면 양가 부모님을 뵈러 간다. 식사를 하고 용돈을 드린 후 집에 돌아온다. 2018년 어버이날은 친정 엄마 생신 이기도 했다. 의미 있는 선물을 드리고 싶어 손편지를 썼다.

아버지께

저를 세상이 있게 해주셔서 감사합니다.

술에 취해 집에 들어오신 기억이 없어 감사합니다.

엄하긴 했지만 폭력을 행하지 않은 아버지 감사합니다.

할아버지 돌아가시고 지금까지 담배를 끊으셔서 감사합니다.

오토바이 사고 난 후에 삶을 포기하고 싶으셨을 텐데

지금까지 옆에 계셔 주셔서 감사합니다.

중학교 때 비오는 날 학교 정문에서 저를 기다려 주셔서 감사합니다.

친구까지 함께 태워 주셔서 감사합니다.

학교 수련회와 수학여행을 보내주셔서 감사합니다.

이혼 후에 저를 키워 주셔서 감사합니다.

아이들에게 손편지 적힌 봉투에 용돈을 주셔서 감사합니다.

명절에 제가 시댁에서 일하고 온다고 앉아서 쉬어라 배려해 주시니 감사합니다.

오리백숙, 닭백숙을 맛있게 해주셔서 감사합니다.

김치찌개를 해주셔서 감사합니다.

제가 어릴 때 너무나 무서운 아버지였는데 아주 좋은 외할아버지가 되어주셔서 감사합니다.

메신저로 사진을 보내주시는 센스장이 우리 아빠 감사합니다.

사랑한다고 문자를 보내 주시는 아빠 감사합니다.

매일 일기를 쓰시는 아버지 감사합니다.

제 아버지가 되어 주셔서 감사합니다.

삶에 모든 고통이 감사합니다.

아버지를 주신 하나님께 감사합니다.

아버지는 편지를 그 자리에서 열어 보려고 하셨다.

"아빠. 제가 너무 부끄러우니까 제가 집에 간 다음에 열어보세요."

아버지에게 회신이 왔다.

사랑스러운 주미

지나간 세월 뒤돌아보고 아빠를 이해하고 따뜻한 사랑으로 안아주니 감사해요.

엄하게 키운 데는 다 다 이유가 있다. 홀아비 자식이라는 사회에 편견 또 지금의 사랑스러운 주미가 있기 때문이지.

열심히 살아가는 모습이 자랑스러워.

이 모든 과정이 아빠가 욕 안 먹으려고 열심히 살아왔기 때문이야.

하나님의 은혜와 부처님의 자비라고 생각해.

항상 더 어려운 이웃을 보살피면서 가족과 사회로부터 사랑받는 사람 그리고 딸이 되렴. 홍주미 사랑해. 아빠가

엄하게 키운 이유가 홀아비 자식이라는 사람들의 편견 때문이었다니 눈물이 흘렀다.

'보일러 호수로 나를 때렸을 때 아버지 마음은 장애인 자식이라고 손가락질 받지 않게 키워야 한다는 압박감이었구나! 아버지 마음이 그랬구나!'

하나님 믿는 딸을 위해서 하나님의 은혜와 절에 다니시는 아버지 자신을 위해 부처님의 자비라고 하신 아버지. 서로의 속마음을 알고 나니 감사하고 또 감사했다. 서로가 사랑하고 있었다. 표현하지 못했고 방법이 다를 뿐.

아버지에게 물었다. "아빠. 저 어릴 때 아빠가 너무 무서워서 같

이 밥을 먹으면 오른손이 덜덜 떨렸어요. 지금도 혈액순환이 잘 안 되는데요. 요즘은 아빠가 참 편안해요. 어떻게 변하셨어요?”

“주위 사람들 사는 걸 보고 이야기도 많이 들었지. 부모가 자식들한테 못하니까 자식들이 찾아오지 않더라. 그래서 내가 바뀌어야 한다고 생각했지.”

“와! 그래요? 바뀌어야 한다고 쉽게 바뀌어지나요? 우리 아버지 멋지네요.”

아버지는 기억하고 계실까? 내가 아버지에게 과거의 아픈 기억을 편안하게 말씀 드렸다는 것을. 아버지를 원망하며 가슴 쥐어 뜯으며 눈물로 기도했다는 것을. 그리고 지금은 아버지의 행복을 위해 기도한다는 것을.

우리 엄마

엄마에게 편지를 오랫만에 써보네요.

스물 한 살에 저를 낳아주셔서 감사합니다.

아버지 교통사고 났을 때 3년 병간호 하심이 감사합니다.

힘들고 외로웠을 텐데 도망 안가고 고등학교까지 키워주셔서 감사합니다.

제가 어릴 적 집에 불이 났지만 잘 이겨내 주셔서 감사합니다.

엄마가 요술 손으로 조물조물 맛난 반찬 해 주셔서 감사합니다.

남동생만 사랑한 것이 아니라고 말씀해 주셔서 감사합니다.

강아지를 좋아하는 엄마 감사합니다.

어릴 적 빨래를 삶아서 깨끗하게 빨아주시니 감사합니다.

결혼 전 자취방 앞에 반찬과 함께 편지를 두고 가셔서 눈물이 주르륵 흘렀어요. 감사합니다.

저에게 미안한 마음 이제 멀리 멀리 보내세요.

좋은 남편 만나서 사랑받으며 살고 있으니까요.

지나 온 모든 삶이 저에게 필요해서 온 걸요.

고통으로 인해 성숙해졌고, 아픈 사람들을 안아주는 제가 되었어요.

엄마를 주신 하나님께 감사합니다.

우리 엄마, 사랑해요.

주미야 엄마가 살아온 세월을 말하자면 책으로 엮어도 모자라.

너도 이제 중년 아줌마가 되었으니 이해할 거야.

너희 아빠하고 엄마는 나이차이가 많이 나고 세대차이도 많이 나서 자주 싸웠어.

너희 어릴 때 아빠는 밤을 낮 삼아 노름을 하러 다녔고, 새벽이 되어서야 집에 들어왔어. 너희 아빠는 옛날 방식으로 생각하고 살아서 엄마하고 어긋나는 게 많았어.

너희 아빠도 엄마도 사랑이 뭔지도 모르고 엄마 나이 스무 살에 시집을 왔으니 뭘 알겠니.

너희 아빠는 일도 안하고 매일 겉모습만 번듯하게 해가지고 남한테는 잘하고 가족은 나 몰라라 했어.

엄마가 조금 참고 살았으면 너희들이 고생 안 했을 거야.

우진이도 엄마 찾아왔을 것이고 난 정말 너희 아빠가 미웠어.

고생을 좀 해봐라. 그런 마음이었어.

우진이는 이혼하고도 자주 만났지만 너는 퉁퉁거렸지.

너희들을 가슴에 담고 살았어. 말을 하자면 끝이 없다.

하루도 우리 아들, 딸을 잊은 적 없다.

너희한테는 할 말이 없다.

너희를 끝까지 지켜주지 못해서 미안하다. 나는 엄마 자격도 없어.

우리 주미가 잘 커서 엄마 심정 다 알아 주니까 좋아.

누구한테 이런 말 하겠니. 친구 같고 속마음 다 털어 놓고 대화할 수 있는 딸이 있어서 정말 다행이야

사랑해 딸.

엄마의 편지를 읽으며 엄마의 마음을 가슴으로 느꼈다. 아들과 딸을 두고 집을 나간 후에 하루하루 가슴 조이면 살았을 엄마. 부모님 이혼 하신 후에 7년 정도 엄마를 만나지 않았다. 혼자 갈 곳이 없어 엄마와 살게 되었을 때 엄마 배 위의 수술 자국을 보았다. 만나지도 않고 연락도 하지 않았던 7년이라는 시간에 엄마는 큰 수술을 했다고 했다. 수술실에 들어가면서 자식들이 얼마나 보고 싶었을까. 어쩌면 수술실에 들어갔다 살아서 나오지 못할 수도 있다는 생각이 들었을 텐데. 혼자 얼마나 아프셨을까. 아이 둘을 키우면서 엄마의 마음을 알아가고 있다.

사실은 사랑 받고 싶었던 거지요?

2018년 1월의 어느 날 남편이 말했다.

"아버지 목소리가 나오지 않아요. 아주 작은 소리로 말씀하시는데, 전화 통화가 겨우 될 정도야."

목소리가 나오지 않는다는 이야기를 들으니 걱정이 앞섰다. 술, 담배를 즐기시니 큰병인가 싶었다. 아버님도 두려워 병원 가길 싫어하셨다. 그렇게 몇 달이 흐르고 보다 못한 넷째 아주버님이 아버님을 모시고 서울 원자력 병원에 갔다. 검사 결과를 기다리는 동안 남편에게 전화가 오면 긴장이 되었다.

"아버지가 폐암 4기래요."

머릿속이 하얘지면서 슬프다는 감정조차 들지 않았다. 시간이 멈춘 듯 머리도 멈추었다. 4기고 양쪽 폐에 암세포가 있고 연세가 있어 수술이 불가능하다고 했다. 심야예배가 끝나는 시간까지 정신이 멍했다. 옆에 계신 사모님께 아버님이 폐암 4기라는 말씀을 드렸다. 그리고 비로소 눈물이 폭포처럼 흘러내렸다.

"어머나. 아버님 가여워서 어쩌니."

알코올 중독자 아버님, 공포의 대상이었지만 서로 상처만 남긴 채 돌아가시면 안 된다는 생각이 들었다.

성대 수술을 한 아버님 문병을 가면서 기도했다.

'하나님, 아버님을 뵈러 갑니다. 언제 버럭 화를 내실지 몰라 늘 두려운 분입니다. 건강이 좋지 않으시니 어떻게 반응하실지 모릅니다. 주님. 아버님의 마음을 평온하게 해주세요. 제가 아버님을 사랑하게 해주세요. 아버님 사랑합니다. 사랑합니다. 남편을 이 세상에 있게 해 주신 아버님 감사합니다.'

'사랑합니다'와 '감사합니다'를 작은 목소리로 반복했다. 아버님은 마치 십년의 시간이 지난 듯 말라가셨다. 아버님은 주무시고 계셨다. 조용히 옆에서 기다리니 나를 보시고는 화들짝 놀라 침대에 앉으셨다.

"아버님." 하며 손을 잡아 드렸다. 잡은 그 손에 사랑이 느껴지길 바랐다.

"성대 수술하셔서 말씀 못하시지요? 많이 아프셨어요?"

아버님은 고개를 옆으로 저으신다. 다정하게 말을 건네야 하는데 대화꺼리가 별로 없었다. 사랑한다는 말을 하지 못하고 집으로 돌아왔다. 차창 너머로 풍경을 멍하니 바라보며 생각했다.

'아버님 삶이 앞으로 얼마나 남았을까?'

5월 6일 아버님을 뵈러 갔다. 퇴원 후 요양원을 권해드렸지만 싫다고 하셨다. 영양탕을 사드리고 집에 도착했다.

"이제 그만 가. 자고 갈 것도 아니고 커피는 식당에서 먹었고, 뭐하러 집에 들어가. 그냥 가"라고 하셨다.

"그냥 가면 서운하지요. 아버님이랑 같이 텔레비전 보지요. 뭐"하며 슬며시 아버님 손을 잡았다. 잡은 손에 찬기가 느껴졌다. 몸의 온도가 낮아지면 암 세포가 생길 확률이 높다는데, 괜스레 코끝이 찡해왔다. 핑 도는 눈물을 들킬까 얼른 대문 앞에 핀 수국 쪽으로 걸었다.

"아버님, 이거 수국인가요?"

자고 가도 되지만 잠자리도 불편하고 씻는 것도 그렇고 무엇보다 아버님이 언제 폭발할지 몰라 두려웠다. 아버님을 사랑한다고 하면서 내가 겪어야 하는 불편한 상황을 먼저 생각하는 여전히 미숙한 나였다.

아버님이 폐암 진단을 받은 후 깊은 잠을 자지 못하는 날이 많아졌다. 한밤중이든 새벽이든 눈을 뜨면 혹시 무슨 일이 있는지 핸드폰을 먼저 보게 되었다. 8월 15일 광복절, 가족이 있는 단체톡 방에 아버님이 위독하시다는 글이 올라왔다. 새벽 2시쯤이다.

휴대폰을 쥔 손을 아래로 내리며 허탈함과 죄송한 마음이 들었다. 주말 부부인 남편은 어제 세종시에 업무가 있어 들렀고 집에서 잠을 잤다. 남편은 출근하고 나는 아이들과 병원 갈 준비를 했다.

"벼리야. 달이야 할아버지께서 어제 새벽에 위독하다고 연락이 왔어. 어쩌면 오늘이 할아버지 살아계시는 마지막일지도 몰라. 할아버지께 어떤 말을 하면 좋을지 생각해 보렴."

마지막일지도 모른다는 이야기에 아들은 눈물을 보였다.

"달이야. 할아버지 누워 계시는데 돈 드리면 좋아할까?"

"아니."

"그럼 손 잡아 드리면 좋아할까?"

"응."

"할아버지 안아 드리면 좋아할까?"

"몰라."

아이들을 데리고 병원으로 가면서 생각했다.

'내가 아버님이라면 지금 마음이 어떨까? 이 세상 떠나기 전에 무엇을 드리면 좋을까? 자식과 며느리 손주들까지 스무 명이 넘는 사람들이 있지만 서로 상처뿐이야. 아버님은 사랑받은 기억이 있을까? 사람으로 태어나서 누구에게 사랑받았을까? 만약 내가 지금 죽음을 앞두고 있다면 무엇이 필요할까?' 그리고 세 가지를 결심했다. '진심으로 감사하다고 말씀드리기. 사랑한다고 말씀 드리기. 예수님 믿고 천국 가시라고 하기.'

병원에 도착했다. 지난 토요일 캐나다에 사는 둘째 아주버님 내외가 병원에 다녀가셨다. 그 후에 아버님 건강이 급격히 악화되어 1인실로 옮겼다. 아버님은 둘째 아주버님을 기다리고 계셨던 모양이다.

문을 여니 차가운 기운이 내 몸을 얼렸다. 밖은 30도가 넘는 찜통인데 병실은 시베리아처럼 추웠다. 나를 본 셋째 아주버님께서 조금 있다가 들어오라고 하셨다. 휴게실 앉았다. 아버님 병실 앞까지 찾아온 죽음의 그림자가 느껴졌다. 멍하니 앉아있었다.

얼마나 앉아있었을까 간병인 아주머니가 들어오라고 했다. 아버님은 침대를 세우고 앉아 계셨다. 헝클어진 머리와 초점 없는 눈빛 쌕쌕 숨소리와 온갖 의료 기구들로 가까이 다가가기가 두려웠다. 말을 하기도 전에 눈물이 쏟아졌다. 아이들 역시 가까이 다가가지 못하고 쭈뼛거리며 서있다. 잠시 후 아들은 아버님 한 발 앞에 나아가 "할아버지 안녕하세요." 하며 인사를 했다. 아이들은 할아버지의 모습에 큰 충격을 받았다.

아버님을 뵌 후에 휴게실에 멍하니 앉아있었다. 아이들은 언제 집에 가냐고 투덜거렸다. "그래. 지루하지? 엄마는 할아버지하고 좀 더 있고 싶은데…." 아이들을 휴게실에 남겨 놓고 혼자 병실에 들어갔다.

"금방 가래 뺐어요. 폐암으로 숨쉬기도 어려운데 가래까지 있으니 얼마나 어려워."

간병인 아주머니가 혀를 차며 말씀하셨다.

아버님은 숨을 쉴 때마다 몸이 5cm는 올라갔다 내려갔다 반복했다. 입을 벌리고 숨을 쉬면서 눈을 떴다 감았다 하는 아버님. 체력이 없어 잠도 못 주무시는 듯 보였다.

'폐암은 고통스럽다는데 얼마나 아프실까.'

"음료수 마실래요?"

"아니요. 저는 괜찮아요."

"밖에 애들 있지요? 주고 올게요"

간병인 아주머니가 나가셨다. 바로 지금이 기회다.

그리고는 아버님 손을 잡았다.

"아버님. 감사드려요. 저 아버님이 언제 버럭 화를 내실까 너무 무서웠어요. 아버님 미워했어요. 그런데요. 저 아버님이 왜 그러신지 알아요. 사실 아버님 사랑받고 싶었던 거지요? 사랑받고 싶어서 술 드시고 화를 냈던 거지요? 아버님 마음 제가 알아요."

아버님 손등에 내 뺨을 비볐다. 눈물이 줄줄 흘렀다. 두 손으로 아버님 얼굴을 따스하게 감쌌다.

"아버님. 사랑해요. 아버님. 육신의 영이 끊어지면 예수님께서 제일 먼저 오실 거예요. 예수님께 구원해 달라고 하시고 편안하게 천국가세요."

초점 없는 눈빛으로 눈을 떴다 감았다 하시는 아버님. 입을 벌리고 쌕쌕 거리며 숨을 쉬는 아버님의 눈빛이 점차 또렷해짐을 보았다. 그리고 아버님이 고개를 끄덕거리셨다. 나의 이야기를 듣고 계시다는 확신이 들었다. 아버님께서 고개를 끄덕거리시는 모습을 보니 내 마음속에 평온한 가운데 시원함이 밀려왔다.

　그날 수요 예배에 참석했다. 성령의 아홉 가지 열매 중에 '자비'에 관한 말씀을 주셨다. 자비는 도움이나 칭찬과 비슷한 말이다. 돈이 없는 사람한테 돈을 빌려 주거나 슬픈 사람 곁에 함께 있어주는 것이 자비다. 나도 모르게 가슴 속에서 기쁨이 샘솟았다. 고개를 눈에 띄게 끄덕거리고 미소 짓는 나를 발견했다.

　'아. 기뻐할 수 없는 상황인데 기쁨이 샘솟는 이런 것이 바로 희락이구나!'

은혜롭고 감사하며 평온한 장례식

다음 날 잠에서 깼다. 휴대폰을 더듬어 시계를 보니 새벽 3시다. 부재중 전화도 메시지도 없다. 아직 괜찮으시구나! 안도의 한숨을 쉬었다. 이리 뒤척 저리 뒤척거려도 잠이 오지 않았다. 벼리가 학교 갈 준비하는 소리에 잠에서 깼다. 달이까지 모두 학교에 간 후에 휴대전화가 울렸다.

"아버님이… 돌아가셨어."

어제 병원에서 이번 주를 넘기기 힘들 것 같다고 했지만 설마 했다. 딸을 데리러 가는데 정신이 멍해졌다.

청주로 향하면서 남편과 이야기를 나누었다.

"어제 아이들 데리고 아버님 뵙고 온 것 정말 잘했어요."

"그러게요. 살아계실 때 뵙고 아버님께 감사하다. 사랑한다. 그리고 예수님 믿고 천국 가시라고 말씀 드린 것 정말 잘한 것 같아요. 예상했던 일이지만 막상 돌아가셨다고 하니 현실로 느껴지지 않아요."

"어제 제가 오후 5시부터 새벽 2시까지 병원에 있었잖아요. 아버님께 예수님 믿고 천국 가시라고 세 번 말씀 드렸어요."

"어머. 그래요? 어떻게 그런 말을 할 수 있었어요?"

"당신이 어제 저한테 병원 다녀왔다고 말하면서 이야기 했잖아요. 15일 날 새벽에 아버님 위독하다고 해서 형들 병원에 모였잖아요. 우리만 못가서 형들한테 무척 미안했거든요. 누나도 그렇고 형들은 지쳐서 모두 집에서 쉬셨지요. 새벽에 병원에 가지 못한 제가 병원에 오래 있을 수 있었고 간병인 아주머니께서 잠시 자리를 비울 때마다 말씀 드렸어요. 당신 덕분에 용기낼 수 있었어요. 고마워요."

"정말 감사하네요. 주님께서 당신과 내가 아버님과 단 둘이 있는 시간을 마련하시려는 계획이었나 봐요. 감사해라."

눈물이 주르륵 흘러내렸다. 우리 아버님 천국에 계시겠지? 마음 속에서 기쁨이 샘솟았다. 남편과 장례식장으로 향하면서 감사를 나누었다.

12시가 다 되어 병원에 도착하니 먼저 도착한 가족들이 점심을 먹고 있었다. 자리에 앉으니 가족 모두 평온하다는 것이 느껴졌다.

"칠십 육세라 일찍 돌아가신 감이 없지 않아 있지만 아버님도 우리도 오래 고생 안하고 호상이야."

염을 끝내고 권영애 선생님과 통화 하던 중 "예수님 믿고 천국 가신 분들의 몸은 다르다고 해요. 표정도 밝고 몸이 경직되지 않고 유연하대요. 염하는 사람은 안대요."라고 하셨다. 염을 지켜보며 내가 느낀 것이 그것인가? 장례 지도사에게 갔다.

"아버님을 처음 뵈었을 때 표정이랄까 느낌이 어땠나요?"

"폐암으로 돌아가셨다고 하셨는데 놀랄 정도로 편안하셨어요. 염을 할 때 몸도 유연하셨고요. 보통 암으로 돌아가시면 두려움과 고통으로 인해 이를 악 물거나 혀를 깨물기도 해요. 발가락을 어슷하게 해서 힘을 꽉 준 상태로 돌아가신 분, 손가락이 펴지지 않을 정도로 꽉 쥐고 돌아가신 분들도 계시거든요."

"아. 그래요. 아까 틀니를 관에 함께 넣던데요."

"저희가 처음 아버님을 뵈었을 때 위에 틀니를 빼고 계셨어요. 시신을 보호하기 위해서 아래틀니를 억지로 빼거나 반대로 억지로 집어넣지 않았습니다."

"위에 틀니만 빼고 계셔서 아버님 표정을 읽을 수 없었던 거군요! 역시 아버님은 천국가신 것이 맞네요."

감동의 눈물이 흘렀다. 혹시나 하던 마음에 확신이 드는 순간이었다. 그러고 보니 염을 네 번째 보는 듯하다. 나의 할아버지, 어머님, 젊은 나이에 하늘나라로 간 미정이 남편 그리고 아버님. 아버님 얼굴빛이 하얀 것, 염할 때 몸이 유연하다고 느낀 것 모두 사실이었다.

장례식은 슬프고 아프고 비통하다고만 생각했는데 아버님의 장례는 은혜롭고 감사하며 평온했다. 장례를 치러보니 가족끼리 싸움 난다는 말이 이해가 되었다. '네가 아버지 아플 때 한 게 뭐가 있냐. 넌 재산에만 관심이 있냐. 장례비용 똑같이 내라. 싫다. 넌 대학 나 왔으니 네가 더 내라.' 는 등 서운했던 감정들이 쏟아져 나오고 욕심 을 채우다보니 싸우게 되는 것이다. 감사하게도 스무 명이 넘는 가 족이 치른 장례에서 단 한 번도 큰소리가 나지 않았다. 삼우제를 지 낼 때도 그리고 지금까지 가족들 모두 평온하게 잘 마무리 되었다.

내 마음이 상처로 얼룩져 있을 때는 다른 사람의 상처가 보이지 않았다. 살아오면서 억눌려온 감정으로 인해 성인이 되어 지독한 사춘기를 겪었다. 마음을 들여다보고 미치도록 울며 하나님과 함 께 치유했다. 그러고 나니 다른 사람들의 아픔이 궁금해졌다. '저 사람 마음은 어떨까? 어떤 말을 듣고 싶을까?'를 생각하고 마음을 읽어주었다.

아버님께서 술을 드시는 것도 욕을 하는 것도 사실은 사랑받고 싶 다는 표현이었다. 권영애 선생님은 친정아버지 돌아가실 때 얼굴을 쓰다듬으며 사랑한다고 말했다고 했다. 그래서 나 역시 용기낼 수 있었다. 아버님 손을 잡고 아버님 손에 내 뺨을 비볐고, 얼굴을 두 손으로 감싸고 사랑을 드렸다. 이렇게 가슴 따뜻한 경험을 하다니 참으로 감사하고 또 감사하다.

삶의 매순간 혼자가 아이었음을

마음은 마치 커다랗고 속이 다 보이는 투명한 비커와 같다. 비커에는 깨끗한 물이 들어있었다. 살면서 사건과 사람들을 만나면서 온갖 더러운 것들이 비커에 들어오게 된다. 마음 안에 사는 부정적인 생각의 나무는 피해의식과 열등감, 외로움, 분노를 먹으며 점점 자란다. 물론 아이를 사랑하는 엄마의 마음 같은 예쁜 꽃도 피어있다. 하지만 썩은 물로 인해 꽃도 역시 썩어간다. 맑고 투명했던 마음은 쓰레기 물이 된다.

마음이 고요할 때는 이런 것들이 조용히 가라 앉아있어 맑은 물처럼 보인다. 그러다 외부로부터 돌멩이 하나가 풍덩 떨어지면 가라 앉아있던 감정들이 튀어 올라온다.

어떤 사람들은 명상, 책 읽기, 운동 등으로 쓰레기 더미의 마음을 스스로 정화시킨다. 참으로 지혜로운 사람들이다. 하지만 안타깝게도 대부분의 사람들은 자신의 마음이 부패하고 썩은 것을 모른 채 다른 사람을 탓하고 원망하며 살아간다. 어떤 커다란 마음은 아주 깊은 곳에 가라 앉아있기 때문에 존재하는지도 모른고 살다가 외부로부터 그 크기만큼의 충격이 가해져 오면 비로소 움직인다.

몸이 성장하면 마음도 함께 성장해야 한다. 우리 마음 안에는 어떤 충격이나 사건으로 인해 얼음이 되어 버린 수많은 마음이 있다. 두 살의 마음, 다섯 살의 마음, 아홉 살의 마음이 고착되어 남아있는 것이다.

청소년기에 감정의 뇌는 급격하게 성장하고 이성의 뇌는 느리게 성장한다. 이 둘 사이의 격차가 일생 중 가장 크다. 마음에 커다란 감정의 화산 하나가 생긴 것이다. 이 시기에 급격하게 성장하는 감정을 억압, 회피, 억제하는 것은 분출하는 화산에 뚜껑을 닫는 것과 같다. 억지로 덮어 놓은 뚜껑 안에서 끓고 있는 화산은 쓰레기 물의 온도를 높여 부패를 촉진시킨다. 열일곱 살에 생긴 화산은 십팔 년 동안 뚜껑이 덮힌 채 부글거리고 있었다. 그러다 서른다섯 살에 화산처럼 폭발한 것이다.

비커 안의 물을 깨끗이 하려면 모두 쏟아내고 비커를 깨끗이 닦은 후에 새 물을 부으면 된다. 교회 나가서 뜨겁게 성령 받아 새사람이 되었다는 경우가 이런 경우인 듯하다. 그러나 극히 드물다.

그렇다면 어떻게 마음을 정화시킬 수 있을까? 하나님과의 진실한 만남 그리고 솔직한 기도가 답이다. 하나님 말씀을 듣고 기도하는 삶을 살며 치유 프로그램에 꾸준히 참석한다면 금상첨화다. 썩어 가는 내 마음 속에 유리 파편과 사과 조각을 들여다 보고 평온하게 건져 내고 깨끗한 새물을 부어주면 정화된다. 이것이 내적치유다.

인간은 완전할 수 없기 때문에 누구나 감추고 싶은 부끄러운 마음이 있다. 있는데 없는 척 보이면서 안 보이는 척 하지 말고 있는 그대로 바라봐 주면 된다. 조용히 눈을 감는다. 그 마음이 생겼던 그때 그 장소와 사람들을 찾아간다. 슬프고 아프고 억울했던 솔직한 마음을 이야기 한다. 이런 것을 '직면'이라고 한다. 실오라기 하나 걸치지 않은 진실한 내 마음과 만나는 것이다. 울고 싶으면 울고 소리치고 싶으면 소리치면 된다. 기도 시간, 커다란 음악 소리 덕분에 온전히 내 감정에 집중하며 미친 듯이 울분을 토해냈던 나처럼 말이다. 몇 달 동안 미친 듯이 울고 난 후에 깨달았다. 삶의 매 순간 나는 혼자가 아니었다는 것을. 혼자 아프고 힘들고 외롭고 수치심을 느꼈던 그때에 하나님께서 나와 함께 계셨다.

상처 받은 그 순간 내가 진정으로 원했던 것이 도덕적이든 비도덕적이든 중요하지 않다. 솔직한 내 감정을 주님 앞에 내놓는 것이 중요하다. 내가 내 편이 되어 충분히 공감해주고 따스하게 위로해주면 된다. 내 마음 안에 울고 있는 아이가 충분히 위로 받으면 비로소 양심이 눈을 뜨기 때문이다.

무릇 지킬 만한 것 중에 더욱 네 마음을 지키라

생명의 근원이 이에서 남이니라

 – 잠언 4:23

책을 쓸 수 있도록 응원을 보내준 권영애 선생님, 김지영 작가, 박선진 작가, 홍보라 작가에게 감사를 드립니다. 저의 성장을 함께 해준 사랑하는 버츄리더천사 50명의 선생님들 감사합니다. '조성희 마인드 스쿨' 조성희 대표님과 어메이징 땡큐 작가들, 사랑하고 감사합니다. 책이 나오기까지 도와주신 이은대 자이언트 북컨설팅 대표님 감사합니다.

나를 응원해주는 예산 사는 미옥이 언니와 이경아 고마워요. "나는 언니 책 나오기 전부터 언니 팬 1호야."라고 한 사랑스러운 향은이 고마워. 대전으로 출석수업 갔을 때 거처를 마련해 준 손수진 고마워. 나의 꿈의 동역자 '꿈의 설리반 여현주 원장님' 고마워요. 함께 여행 다니고 생일을 챙겨주는 송희숙 원장님, 현경숙 선생님, 사랑스러운 유상희 고마워요.

하나님 만나 치유 받은 이야기를 책으로 썼다고 훌륭하다 해주신 명성교회 성도님들 감사합니다. 방송통신대학교 다닐 때 시험 보러 가는 날 아이들을 돌봐준 양정선 집사님, 김성임 집사님 무한 감사 드려요. 책을 쓰는 동안 여수감리교회로 옮기신 김관호 목사님과 황현숙 사모님 사랑합니다. 담임 목사님으로 오신 김청환 목사님, 주미라 사모님 감사합니다.

‘사랑하는 사람을 존경하면서 살고 싶다’는 나의 이상형을 실현시켜준 멋진 남편 김유식 님 감사합니다. 책 쓰는 엄마를 자랑스러워한 중학생 벼리와 초등학생 달이 사랑해. 저를 낳아주시고 키워주신 부모님 사랑합니다. 감사합니다.

하나님으로부터 받은 최고의 선물이 남편이었습니다. 커다란 쓴 뿌리 치유 이야기를 쓰면서 깨달았습니다. 하나님으로부터 받은 최고의 선물은 부모님이라는 사실을요. 여보에게는 미안해요. 삶에 고통을 주시고 치유를 통해 향기 나는 사람이 되게 해주신 하나님께 깊은 감사를 드립니다. 사랑합니다. 나의 예수님.